영문 독해 *Classic*

문단의 구조와
원리를 이해하라!

영문독해 Classic

윤혜준 (연세대학교 영어영문학과 교수) 저

영문 독해 *Classic* : 문단의 구조와 원리를 이해하라

초판 1쇄 발행 2010년 7월 20일

지은이 윤혜준
펴낸곳 아키온
펴낸이 이석재

등 록 1992년 11월 11일(제10-749호)
주 소 서울시 서대문구 북아현3동 192-2
전 화 (02)393-9814 / 365-6368
팩 스 (02)365-6369
E- mail dongin365@hotmail.com

ISBN 89-8482-131-6 (03740)
값 12,000원

※잘못된 책은 교환해 드립니다.

언제부터인가 영어는 일반적으로 한국 사람들의 생각 속에서 '읽는 외국어'가 아니라 '듣고 말하는' 외국어로 변해 있는 듯하다. 영어가 '안 들려서' 문제이고 '회화가 안 돼서' 고통스럽다는 것이 다수 국민의 불평이자 걱정으로 굳어진 것 같다. 영어회화가 '안 되는' 국민은 이제 제대로 사람대접을 받기도 어려워질 모양이다. 심지어 실력이 뛰어나서 올림픽에 출전하는 국가대표 선수들도 앞으로는 '영어회화가 안 되면' 자격을 박탈하겠다는 말까지 있지 않은가.

상황이 이렇게 된 데는 여러 요인들이 있을 것이다. 그 중의 어떤 부분은 분명히 근거가 없지 않다. 외국인을 만나면, 또한 외국에 나가면 대화를 해야 하니까 일단 듣고 말하기가 해결돼야 한다. 외국에 국가대표로 나가는 선수들도 어쩌면 이 범주에 해당된다고 할 수 있을 것이다. 그러나 대한민국 시민 전체를 놓고 볼 때, 실제로 국내나 해외에서 외국인을 만나서 장시간 영어로 대화를 나누는 게 직업 상 중요하거나 정기적인 취미생활인 사람들이 전체 인구의 몇 퍼센트나 될까?

날로 해외여행객이 늘어나서 여행수지 적자가 심해진다는 우려를 흔히 듣는다. 하지만 그 내막을 들여다보면 압도적으로 많은 수의 여행자들은 중국, 일본, 동남아 등 가까운 아시아 지역에 다녀올 뿐이다. 아주 간단한 영어 몇 마디면 단기간의 관광에서 필요한 바들은 다 해결할 수 있다. 게다가 미리 잘 곳과 볼 곳을 다 정해놓고 한국인 가이드까지 붙여주는 여행상품을 통해 외국에 다녀오는 한국인들이 여행객 중에서도 압도적으로 다수를 차지하니 심지어 영어권 국가에 가더라도 아예 영어 한 마디 안 쓰고도 해외여행을 무사히 다녀올 수 있는 시대가 열렸다.

"잠깐! 세계화 시대에 한국에 찾아온 외국인이 영어로 길을 물어보면 친절히 대답해줘야 할 것 아니오? 그러니 영어회화는 대한민국 사람이라면 누구나 할 수 있어야 하지 않겠소?" 아마도 이런 반문이 나올 법하다. 하지만 역시 같은 문제에 봉착한다. 한국을 찾는 외국인의 압도적인 다수는 중국어나 일본어를 사용하는 사람들이다. 간혹 백인 관광객이 서울에 나타났다 해도 이들은 이미 여행 정보를 충분히 사전에 갖고 온 사람들일 가능성이 크다. 이들은 대개 굳이 현지인을 붙잡고 귀찮게 굴지 않는다.

자, 이제는 좀 정직해 지자. 영어 듣기, 영어 말하기로 전 국민을 어릴 적부터 늙을 때까지 옥죄는 이유가 어디 그런 그럴듯한 '세계화'의 논리 때문이었나. 천만에. 사실상 우리끼리 치열한 생존경쟁을 벌이며 패배자들을 걸러내기에 '영어 실력'보다 더 좋은 잣대가 없기 때문이 아니었던가. 이런 저런 이유에서 영어가 '안 되는' 다수 대중과 이런 저런 이유에서 영어가 '되는' 소수 기득권층으로 대한민국 백성을 말끔히 갈라놓는 일은 가령 국어실력이나 수학점수로 사람을 차별하는 것보다 훨씬 더 정당해 보이지 않는가.

"무역대국 대한민국은 오로지 '세계' 속에서만 살아남을 수 있는 터, 어찌 감히 영어를 소홀히 하겠는가?" 이 글을 쓰고 있는 바로 이 순간 나라의 권력을 새로 잡은 자들이

전 국민을 향해 연일 이렇게 꾸중을 하고 있다. 옳은 말씀이다. 사정이 어떠하건, 영어가 '안 되면' 주눅이 들거나 구박을 받는 나라가 대한민국임은 부인하기 어렵다.

하지만 영어가 '되려면' 먼저 영어를 '배워야' 한다. 그러면 영어를 어떻게 배워야 할 것인가. 우리말을 배우려면 그저 한국말로 대화만 부지런히 하면 해결되는가. 한국에 태어나서 모국어로 한국어를 배운 우리들도 어릴 적부터 지금까지 얼마나 많은 책을 읽어왔던가, 또한 지금도 요즘 책들을 잘 안 사본다 해도 신문, 잡지, 인터넷 등을 통한 '독서'를 얼마나 꾸준히 하고 있는가. 하물며 도무지 우리랑 친인척 관계가 없는 생소한 외국어인 영어를 배우면서 어찌 읽기를 소홀히 할 수 있으리! 영어를 자유자재로 구사하고 싶다면 일단 영어를 많이 읽어서 머릿속에 뭔가를 잔뜩 집어넣을 일이다. 그래야 말하기나 글쓰기에서 머릿속에 집어넣어둔 영어를 꺼내 쓸 수 있을 것이다. 듣기도 마찬가지이다. 아무리 '귀가 뚫렸다'고 한들, 자기가 전혀 모르는 단어나 표현을 알아들을 수 있는 '비법'은 없다. 단어와 표현과 친해지려면 영어를 많이 읽는 방법 외에 무슨 왕도가 따로 있겠나!

어디 그 뿐인가. 대한민국 국민 각자의 연봉과 사회적 지위

등에 적지 않은 영향을 미치는 각종 영어 시험, 대학수학능력시험, 대학입학 구술 및 논술시험, 각급 공무원시험, TOEIC, TOEFL, TEPS 등에서 무시할 수 없는 자리를 차지하고 있는 것은 여전히 읽기이다. 제한된 시간에 빽빽한 영어 글씨들을 읽고 대략적인 뜻이라도 파악하는 것은 아무리 복잡한 시험에서도 가장 기본이요 기초가 되는 평가 영역이다. 또한 iBT TOEFL에서처럼 말하기나 쓰기도 읽기와 배합된 형태들이 큰 비중을 차지한다.

어디 그 뿐인가. 설사 코쟁이 외국인과 영어로 장시간 수다를 떨 일이 없는 사람도 요즘은 인터넷을 통해서 공짜로 얼마든지 영어 문서들을 읽을 수 있다. 예전에 비싼 돈을 주고 『타임』 잡지를 사서 보거나 엉터리 영어가 종종 발견되는 국내판 영자 신문을 탐독하던 시대에는 꿈꿀 수 없었던 호강을 하는 셈이다. 컴퓨터만 켜면 미국, 영국, 캐나다, 호주의 신문을 맘껏 탐방할 수 있는 이 시대에 영어를 잘 읽는 능력은 그 어느 때보다도 더 중요해 졌다. 설사 '귀가 안 뚫리고' 회화가 안 된다 해도, 읽기만 잘 하면 안방에 앉아서 얼마든지 '세계'와 대화를 나눌 수 있는 이 인터넷 시대에, 영어 독해 능력을 갖추는 것이야말로 모든 국민들에게 권장할 만한 일이 아닌가.

그러나 영어 읽기의 이러한 중요성에도 불구하고 마땅한

'독해 참고서'가 없는 게 우리의 현실이다. 독해를 어떻게 가르쳐야 하는지에 대해서도 별 신통한 표준이 없다. 기껏 문단 길이의 장문을 갖다 놓고 한 줄 한 줄 문법 설명이나 단어 뜻풀이나 해온 구식 관행은 오늘날에도 (가령 케이블 텔레비전 영어강좌들을 보면) 여전히 이어지는 형편이다.

『영문 독해 Classic』은 인터넷 등이 제공하는 영문 텍스트들을 맘껏 읽고픈 독자들의 비교적 '여유 있는' 욕구를 충족시켜주려는 의도로 썼을 뿐 아니라, 어차피 피할 수 없는 영어시험에서 피할 수 없이 큰 비중을 차지하는 독해시험이 걱정되는 '급한' 독자들도 염두에 두었다. 이를 위해 손에 들고 다닐 수 있도록 얇고 아담한 책 분량을 넘지 않도록 했고, 불필요하게 긴 지문으로 독자에게 겁을 주는 대신, 개별 문단(paragraph)에 초점을 맞추었다.

문단은 그 자체로 떼어 놓으면 독해시험의 '지문'이 될 뿐 아니라 긴 글에서도 글이 전개되는 기본 단위이기에 장문의 텍스트를 읽을 때 독해는 (물론 개별 단어나 문장 이해가 기본이 되겠으나) 실제로는 문단 차원과 문단 단위에서 이루어진다. 따라서 '영문 독해'는 '영어 문단 독해'와 같은 의미로 이해할 수 있는 것이다. 이에 이 책에서는 문단의 원리를 설명하고 16세기에서 21세기까지 유명 저자들의 고전적 글에서 발췌한 문단들을 예로 삼아 독해 훈련을 할 수 있도록 구성했다. 이 책의 제목이 『영문독해 Classic』인 것은 이 책에 담긴 해설이 '고전적' 인 권위를 갖는다는 뜻일 수도 있겠으나 무엇보다도 여기에 실린 글들이 '클래식' 한 품격을 갖췄다는 의미이다.

이 책은 통상적인 '수험서' 와는 전혀 다르다. 이 책의 저자는 영문학자로서 필자와 강의실에서 만날 가능성이 없는 일반 독자들을 위해 이 책을 썼다. 왜 썼는가? "영어 공부 어떻게 해야 해요? 독해 공부는 어떻게 해야 하지요?" 영문과 교수인 필자에게 주위 사람들이 늘 묻는 이 질문에 마냥 미소로만 대답하거나, "책을 많이 읽는 수밖에 없지요" 라는 무책임한 말만 할 수는 없었기 때문이다. 게다가 학문적 수련을 연마하지 않은 비전문가들이 쏟아내는 온갖 '영어공부 책' 들에 맞서서 올바른 '진실' 을 밝혀야 할 의무도 피할 수 없었다. 이러한 의무감과 이 책을 낸 아키온 출판사의 고 이완재 사장님의 강력한 권유가 결합하여 『영작문 Classic』과 짝을 이룰 『영문독해 Classic』을 학기와 학기 사이에 집필하였다.

『영문독해 Classic』의 일부 내용은 『영작문 Classic』 Part 2, 「문단」 편과 연결될 것이나, 이 책은 문장이나 에세이 차원은 배제하고 집중적으로 문단에 대한 논의에 국한하였다. 또한 글을 지어내는 능동적인 역량을 전제로 한 것이 아니라 글을 이해하는 수동적인 능력을 제고하는 것을 목적으로 했다는 점에서 실제 책의 내용 및 강조점은 『영작문 Classic』과 그 차이점이 적지 않다. 그러나 원리에서 실제로 나아간다는 '정신'과 방향에 있어서 둘은 쌍둥이다. 두 책을 함께 공부할 것을 권한다.

이 책의 대부분을 차지하는 「Part II: 영어 문단의 실제」의 예문들은 16세기에서 21세기까지 유명한 사상가나 작가들로 널리 인정받는 사람들의 글에서 직접 발췌하였다. 단순한 '독해'가 아니라 이들의 글을 읽으며 이 대가들과 직접 대화를 나누는 만남의 장을 마련해주고 싶었기 때문이다. 어차피 영어 공부를 할 바에야 가장 좋은 사람들이 쓴 가장 좋은 글로 공부하는 게 좋지 않을까? 별 근거나 원칙 없이 모아놓은 시사 지문들이 아니라 가급적 비중 있는 내용에 대해서 잘 쓴 글들을 모범으로 삼아 문단의 원리와 실제를 예시하고자 하였다는 점은, 다시 강조하지만, 영문과 교수가 쓴 이 책이 여타의 영어 학습서와 갖는 큰 차이점이다.

각 예시 문단의 번역은 부록에 첨부하였다. 문단을 이해하려면 문장을 이해할 수 있어야 한다. 문장을 이해하려면 일단 단어와 표현을 알아야 한다. 매번 예시 문단이 나올 때마다 다소 어려운 단어와 표현들은 바로 설명을 해 두었다.

또한, 가급적 원문의 맛을 그대로 전달하기 위해 원문의 형태 그대로 지문을 구성했고 부분적으로 불가피한 편집을 한 경우에는 "원문 일부 편집"이란 표시를 해두었다. 이 책의 Part I는 『영작문 Classic』처럼 "Principle"과 "Tutorial"로 원리와 해설을 한 짝씩 묶어 놓았고, 각 단계마다 연습 문제를 첨가해서 정리, 복습해볼 기회를 제공했다.

연세대학교 외솔관에서

윤 혜 준

부록

1. 예문번역

- A 예문번역 Part Ⅰ
- B 예문번역 Part Ⅱ

2. 출처

PART. 1

영어문단의 원리

A 문단의 정체 정리문제 Ⓐ

B 문단과의 '인터뷰' 정리문제 Ⓑ

C 문단과 논쟁하기 정리문제 Ⓒ

인간 언어의 역사는 인간 문명의 역사와 일치한다. 그만큼 그 역사가 길다. 문자와 글은 이보다 상대적으로 역사가 짧다. 말은 있어도 글자가 없는 경우들이 얼마든지 가능하다. 남 얘기 할 것 없이 우리나라에서도 지금 이 책에 사용하고 있는 한글이 없어서 얼마나 오랜 세월 중국문자에 의존했던가. 한글이 만들어진 후에도 띄어쓰기가 분명히 되고 문장 구별이 명확히 표시된 역사는 더욱 더 짧다. 문장을 명확히 구분할 뿐더러 문단까지 나눠놓은 역사는 이보다 훨씬 더 짧다.

이는 비단 한글 사용 역사에만 해당되는 것은 아니다. 서양에서도 마찬가지였다. 서양문명의 근간이 되는 그리스와 라틴어 문명에서 글은 말보다 훨씬 더 늦게 정착하였다. 또한 글자와 글은 (한문이나 조선시대 한글 문서들이 그렇듯이) 사이를 떼지 않고 그대로 이어 썼기 때문에 어디서 단어를 끊어야 하며 문장이 어디서 끊기는지를 알려면 소리내어 글을 읽어보지 않으면 안 되었다. 이런 형편의 이면에는 여러 가지 이유가 있겠으나, 글자를 기록하는 재질인 파피루스나 양피지 등이 만들기 쉽지 않은 귀한 물건이라 아껴 써야 했다는 사정이 가장 큰 이유였다. 글을 쓰는 '지면'이 아까워 문장을 끊어 표시할 여유도 없는 형편에 문단을 끊어서 표시할 여유가 있을 리 없었다. 문단 구분이 정착된 것은 구텐베르크 인쇄혁명 덕에 대량으로 인쇄물을 찍어 만들어낼 수 있게 된 이후이다. 그것도 처음에는 양피지를 아껴온 옛 관행이 남아 있던 터라 문단을 시각적으로 구별하는 데는 아무래도 소극적이었다.

문단 구별은 대체로 이와 같이 출판의 역사와 밀접한 관련성이 있다. 인쇄물 및 책 생산 단가가 떨어질수록 문단 구별은 좀 더 편하게, 더 빈번하게 할 수 있었던 것이다. 시대가 변하면서 종이 값, 책이나 신문, 잡지 값이 저렴해짐에 따라 지면을 좀 더 넉넉하게 사용하게 되었다. 가령 18세기에 나온 책은 (문단 구분의 원칙이 사실상 없는 소설의 경우를 제외하면) 한 문단이 몇 페이지로 이어지는 경우를 흔히 보지만, 19세기에는 판이 커지고 글자가 더 작아지면서 한 페이지에 문단이 한 두어 개 정도씩 등장한다. 하지만 여전히 문단은 평균 20줄 이상 긴 문단들이 대종을 이룬다. 반면에 20세기에 들어와서 인쇄기술이 더 발전하자 문단은 더 짧아져서, 가령 신문이나 잡지는 물론이요 학술 저서에서도 서너 줄짜리 문단이 한 쪽에 여러 개 등장하는 형태가 일반화되었다.

문단은 이렇듯 역사적인 산물이기에, 아직도 조금씩 변화하고 있다. 오늘 이 순간에도 인터넷 html 문서나 블로그, 이메일은 문단 구분의 관행에도 적지 않은 영향을 미치고 있다. 영어의 경우, 종이에 인쇄한 문서에서는 종이를 아끼기 위해 문단과 문단 사이를 떼지 않고 문단 시작 부분에서 들여쓰기를 한다. 하지만 인터넷 문서에서는 그럴 필요가 없기에 문단 시작 들여쓰기 대신에 문단과 문단 사이 공간을 넉넉히 비워두는 경향이 지배적이다. 이메일이나 블로그에서는 더욱 더 자유롭게 글쓴이가 (마치 무슨 시라도 쓰는 듯) 문장과 문장 사이를 떼어놓는 식으로 아예 문단이 '파괴' 된 경우도 종종 본다. 웹 문서에서는 종이 값을 걱정할 일이 전혀 없기 때문이다.

이 책에서 우리가 설명하는 '문단' 에 대한 논의는 종이 인쇄 시대에 정착된 문단 구별의 기준, 특히 영어권에서 근대와 현대 시대에 암묵적으로 채택해온 관행을 기준으로 삼았다. 또한 Part II에서는 16세기에서 21세기까지 글들이 수록돼 있으나 특히 인쇄시대의 전성기라고 할 수 있는 18~20세기까지 영미의 저명한 사상가와 작가들의 글에서 뽑은 문단들이 다수를 차지한다. 미래에는 모든 글들이 개인 블로그 글처럼 문단이 파괴된 형태로 변할 수도 있을 것이다. 하지만 상당 기간 인쇄 시대의 관행과 제도들이 유지될 것으로 예상되기에, 일단은 문단의 원리와 속성에 대해 정확히 파악해두는 게 중요하다.

이하에서는 영어 문단이 다소 기계적으로 구성되는 단계에서부터 보다 논리적으로 구성되는 유형까지의 형태를 같은 논제(주제)에 대한 문단들을 통해 비교해 볼 것이다. 거론되는 논제는 박찬욱 감독의 2003년 히트작 「올드보이」이다. 이 영화를 택한 것은 (대부분의 독자들이 이 영화를 봤을 것으로 생각될 뿐 아니라) 칸느 영화제에서 심사위원 대상을 받은 덕에 영국과 미국을 비롯한 전 세계 언론에서 거론되었고, 그 덕에 이제는 영어 인터넷 포탈에서도 쉽게 검색되는 유명영화로 정착되었기 때문이다.

자, 그럼, 「올드보이」의 이런 저런 장면을 머릿속에 떠올리며, 이어지는 설명을 읽어보시길!

A 문단의 정체

Principle A-1 문단은 아무리 느슨한 형태라 해도 같은 논제에 대한 문장들을 모아놓은 단위이다.

Tutorial A-1 일단 독자 여러분이 영어시험을 볼 때나, 영어책이나 영어 인터넷 사이트에서 접하게 될 문단은 어느 정도 손질을 한 '잘 쓴' 문단일 확률이 크다. 이러한 문단들은 아무리 느슨한 형태라 해도 한 가지 중심 논제 내지는 주제에 대한 문장들을 모아놓은 집합이다. 말하자면 문단이란 언제나 '한 가지 문제에 대한' 문단이다. 이 '문제'를 '논제'(topic)라고 부르기로 하자. 흔히 이를 두고 '주제'(theme)라고도 하지만, '주제'란 말은 A-3에서 다룰 '논지'(thesis)와 혼동될 위험이 있으니 '논제'로 명칭을 통일하기로 한다.

일단 독해의 기본은 이 '논제/주제'가 무엇인지 파악하는 게 출발점이다. 거리를 지나가는 데 사람들이 우굴 우굴 몰려 있거나 줄을 서 있는 광경을 발견했다고 치자. 자신도 거기에 끼고 싶은 마음이 생겨서 근처로 접근했다면 가장 먼저 묻는 게 무엇일까? "무엇 때문에 이러고 계신거지요?"일 것이다. 문단도 마찬가지다. 문장들이 한 데 모여 있다. 아니면 맨 앞 문장부터 쭉 줄을 서 있다고 해도 좋다. 일단 무엇 때문에 모여 있는지, '건수'가 무엇인지부터 파악해야 할 일이다.

아래 예시 문단을 살펴보자.

(a-1)

Oh Dae-su is kidnapped and held in a private housing cell for fifteen years. Upon his release, he is given one task by his captor: to find out the reasons why. With a decade and a half of built-up aggression and burning curiosity, Oh Dae-su searches for the answers that robbed him of his life.

어휘

∗kidnap 납치하다 ∗cell 감방 ∗captor 감금한 자 ∗decade 10년 ∗aggression 공격성 ∗ curiosity 호기심

이 문단의 논제는 무엇일가? 첫 문장의 주어가 곧바로 힌트를 준다. 이 문단은 「올드보이」의 주인공 인물인 "Oh Dae-su"에 대한 문장들의 집합이다. 나머지 문장들도 (둘째 문장이 수동태로 되어 있으나) 같은 대상을 사실상 주어로 삼고 있다. 영화의 복잡한 플롯의 다른 가지는 다 쳐버리고 주인공 오대수에만 맞춰서 내용을 간략히 축약해 놓은 문단이다. 이 문단의 논제는 영화 「올드보이」 그 자체라기보다는 '오대수' 라고 할 수 있다. 그렇게 초점을 줄여놓은 덕에 세 문장으로 긴 영화를 '축약' 시켜 놓는데 성공한 것이다. 또한 이것은 이 영화를 관객에게 소개하는 웹사이트, 특히 동양의 무협 영화를 소개하는 "Kung Fu Cult Cinema" 웹 사이트에 등장한 문단이기에, 영화 플롯의 '방향' 만을 제시해야지 너무 상세히 내용을 다 설명해주는 것은 목적에 부합하지 않는다. 그래서 더욱 더 이러한 '축약' 이 효과적일 수 있다.

두 번째 예도 이와 유사하다. 다양한 영화정보를 제공하는 데이터베이스 "Internet Movie Database"의 웹사이트에서 「올드보이」 DVD를 소개하는 내용 요약이다.

(a-2)

An average man is kidnapped and imprisoned in a shabby cell for 15 years without explanation. He then is released, equipped with money, a cellphone and expensive clothes. As he strives to explain his imprisonment and get his revenge, he soon finds out that not only his kidnapper has still plans for him, but that those plans will serve as the even worse finale to 15 years of imprisonment.

어휘

* shabby 누추한 * strive 애쓰다 * revenge 복수

이 문단의 논제 내지는 '얘기 거리'는 (a-1)과 달리 특정 인물의 이름 고유명사가 아니라 그냥 일반명사 "an average man" 및 대명사 "he"로만 표시되어 있다. 그리고 두 번째 문장의 "money, a cellphone and expensive clothes"가 보여주듯 보다 구체적인 디테일이 소개되고 있다. 하지만 영화의 주인공을 중심 '논제'로 삼았다는 점에서는 (a-1)과 마찬가지이다. 문단을 구성하는 세 문장이 모두 "a(n) … man" 및 "he"를 주어로 삼고 있으니 이 문단의 논제는 명백히 드러나 있다.

다시 길거리의 비유를 한 번 더 들자면, (a-1)과 (a-2)

의 문장들을 한 군데로 모아놓은 (또는 한 줄로 서게 한) '건수'는 모두 「올드보이」의 주인공 오대수이다. 오대수에 관심이 없는 문장은 아예 이 자리에 오지도 않았고 끼어주지도 않았다. 이 영화를 만든 박찬욱 감독? 아니면 오대수를 연기한 배우 최민식? 이 두 사람에 대해서는 미안하지만 이 문단들은 별 관심이 없다. 오직 영화 속에 등장하는 허구 인물 오대수 얘기만 하고 싶을 따름이다.

문단은 이렇듯 한 가지 공통의 '관심사'에 대해서 할 말이 있는 문장들의 '모임' 내지는 '동호회'라고도 할 수 있다.

Principle A-2 문단을 구성하는 각 문장은 그 문단을 이루는 데 각기 나름대로 기여한다.

Tutorial A-2 앞에서 우리는 한 문단을 이루는 문장들의 모임을 우연히 모여든 군중이나 '동호회'에 비유했었다. 하지만 이런 비유는 그리 적절하지만은 않다. 문단을 구성하는 문장들은 보다 정확히 말하면, 미리 작전을 짜서 서로를 사이좋게 돕고 있는 같은 팀의 운동선수들과 유사하다. 한 문단 안의 모든 문장들은 하나의 공통 논제에 관한 문장들이다. 하지만 각 문장은 똑같은 주장을 반복하는 게 아니라 서로 다른 별개의 내용들을 담고 있다. 어떤 문장이건 자기가 맡은 역할을 충실히 하므로 뭔가 전체 문단에 기여하지 못한다면 문단에 낄 자격이 없다. 또한 역으로, 이들 각 문장들이 서로 협력하여 한 가지 목적을 관철시킬 때 좋은 문단이 성립되는 것이다. 말하자면 '문단'이란 문장들이 공동의 목표를 향해 용의주도하게 서로를 도우며 나아가는 팀의 모습으로 정의할 수 있다.

이를 예시하기 위해, 위의 (a-1) 문단을 다시 좀 더 세밀히 살펴보자.

(1) Oh Dae-su is kidnapped and held in a private housing cell for fifteen years.
(2) Upon his release, he is given one task by his captor: to find out the reasons why.
(3) With a decade and a half of built-up aggression and burning curiosity, Oh Dae-su searches for the answers that robbed him of his life.

여기서 첫 번째 문장은 중심 논제(Oh Dae-su)를 소개하며 그가 처한 상황을 요약해 준다(kidnapped and held … for fifteen years). 이어지는 문장은 첫 문장을 다시 부연해서 도대체 어떤 연유와 형편에서 감금돼 있었는지를 설명해줄 수도 있었겠으나, 이 문단의 목적은 영화의 플롯을 간결하게 요약해주는 것이므로 곧장 '진도'를 나가서 그 다음 상황을 기술한다. 즉, 첫 두 문장은 시간적인 선후 관계를 이루는 것으로 서로 역할 분담을 하고 있다. 마치 축구나 농구에서 같은 팀 선수끼리 공을 패스하듯, 뒤에서 앞으로 논제를 패스 해줬다.

하지만 세 번째 문장의 역할을 다소 다르다. 두 문장이 바삐 앞으로 나가며 전개해놓은 상황을 더 진전시키지 않고, 옆에서 비켜서서 설명해주는 역할을 한다. "With … curiosity"까지 전반부에서 오대수의 심리 상태를 설명한 다음, 이에 근거해서 이어지는 후반부에서 두 번째 문장의 "he is given … the reasons why"의 의미를 부연, 재조명해주었다. 말하자면 공을 받아서 앞으로 달려가던 공격수가 뒤에서 받쳐주는 든든한 미드필더에게 공을 돌려준 후 다시 공격 대형을 정비하는 셈이라고 할 수 있다.

예문 (a-2)도 마찬가지이다.

(1) An average man is kidnapped and imprisoned in a shabby cell for 15 years without explanation.
(2) He then is released, equipped with money, a cellphone and expensive clothes.
(3) As he strives to explain his imprisonment and get his revenge, he soon finds out that not only his kidnapper has still plans for him, but that those plans

will serve as the even worse finale to 15 years of imprisonment.

(a-1)처럼 이 경우에도 첫 번째 문장에서 논제가 소개된다. (a-1)의 첫 문장과 비교할 때 두 문장간의 내용과 표현에도 큰 차이가 없다. 단, "without explanation"이란 표현이 첨가되어 '의문'과 '탐구'가 이 문단에서 강조될 측면임을 예시한다. 둘째 문장은 첫째 문장을 시간적으로 진행시키는 역할을 한다는 점도 (a-1)과 마찬가지이다. 하지만 셋째 문장은 다소 복잡해 보인다. 복합적인 기능을 수행하기 때문이다. 이 문장을 구성하는 절 세 개 중에서 먼저, "As he strives … revenge"까지는 시간적으로 사건을 진행시킨다. 둘째 절 "he soon … him"은 시간적인 '진도' 뿐만 아니라 논리적인 설명도 수행하고 있다. 앞의 절의 "strives to explain"에 대한 대답이 들어가 있기 때문이다. 마지막 절은 둘째 절의 "finds out …"에 이어지는 논리적인 설명을 이어가고 있으며 동시에 첫 문장의 "15 years"로 돌아가서 그 의미를 조명하며 문단을 마무리하고 있다. 축구 비유를 계속 쓰자면, 첫 두 문장과 셋째 문단 첫 절까지 공격수가 앞으로 나아가는 셈이라면 셋 째 문장의 나머지 부분에서는 측면으로 패스 해준 공을 다시 달려가서 되받는 2대 1 패스와 닮은꼴이다. 이를 아래와 같이 도표화할 수 있을 것이다.

(1) An average man ... for 15 years →

(2) He then is released ... →

(3) As he strives to explain ... ,

he soon finds out ..., → but ... 15 years of imprisonment.

문단은 이렇듯 멋진 팀워크를 이루는 문장과 절들의 조화이다. 축구나 농구 경기를 제대로 즐기려면 패스의 패턴과 위치를 파악해야 한다. 마찬가지로, 문단을 '독해'한다는 것은 문장들 간의 서로 돕는 '작전'의 모습을 파악하는 과정이다.

Principle A-3 문단을 이루는 문장들은 '논지의 전개'라는 한 가지 목표를 성취하기 위해 협력한다.

Tutorial A-3 문단을 이루는 문장들을 한 팀을 이룬 축구선수들에 비유하자면, 이들의 목적은 오직 단 한 가지, 골을 넣는 것이다. 이 '골'에 해당되는 것이 문단이 전개하는 '논지'이다. '논지'(thesis)는 '논제 X'에 대해 'X는 이러하다'는 판단, 설명, 평가가 첨부된 하나의 명확한 발언 내지는 주장이다. 이러한 주장을 든든하게 전개하기 위해 여러 말로, 여러 문장으로 문단을 만든다. 왜 그래야 할까, 한 문장으로 명확히 선언하면 될 것을? 그것은 축구에서 골을 넣기가 그리 쉽지 않다는 이치와 마찬가지이다. 모든 경기에는 상대 팀이 있다. 상대 팀은 가능한 한 우리 팀의 작전을 방해하는 데 진력한다. 문단으로 논지를 전달하는 과정도 이와 유사하다. 상대 팀, 즉 '독자'가 걸림돌이기 때문이다. 물론 이 독자가 나와 친한 가족이나 친지, 친구라면 내가 다소 말이 서툴러도 얼마든지 내 뜻을 이해해줄 것이다. 또한 내 생각과 기본적으로 같을 수도 있다. 그러나 내가 쓴 글을 누가 읽을지 어떻게 알겠나. 독자가 누가 될지 알지 못하는 형편에서는 가장 적대적인 또는 무관심한 독자가 내 글을 읽는다고 가정하는 편이 현명하다. 이러한 적대적 또는 무관심한 독자에게 한 가지 주장을 전달하고 설득하려면 여러 문장이 힘을 합쳐서 서로 노력을 해야 한다. 그래도 흔쾌히 수긍을 한다는 보장이 없다. 이 문제는 이어지는 'B. 대화와 문단'에서 좀 더 자세히 다루기로 하고, 여기서는 (a-1)과 (a-2)로 다시 돌아가서 각 문단에서 '논지'가 무엇이며 어떻게 전개되었는지 살펴보자.

(a-1)의 논지 내지는 '주장'은 무엇일까? 그 자체로만 보면 이 문단은 무슨 '주장'을 펼치려는 의도는 없고 단순히 '사실전달'만을 의도한 것 같다. 이점은 (a-2)도 마찬가지이다. 실제로 (a-1)을 비롯한 대부분의 사실보도 문단들은 노골적인 '논지'는 드러내지 않은 채 사실 나열의 형태만을 취하곤 한다. 가령 시사적인 보도를 담고 있는 언론

매체의 문단들이 좋은 예이다.

그렇다고 해서 이런 문단의 '논지'가 아예 없는 것은 아니다. 논지는 '함축'되어있을 뿐이다. 뉴스 보도를 전해주는 문단의 '논지'는 '이런저런 일이 실제로 일어났다'로 요약될 수 있다. 사건이 (기자가 조작해 낸 것이 아니라) 실제로 일어났음을 입증하기 위해 시간, 장소, 정황 등 여러 사실들을 전달하는 것이다.

그렇다면 (a-1) 문단의 논지는 무엇일까? 이 문단의 모든 문장은 앞서 말했듯이 "Oh Dae-su"를 '논제'로 삼고 있다. 따라서 이 문단이 함축한 논지는 "이 영화의 핵심은 오대수의 운명에 있다" 정도가 될 것이다. 즉, 이 문단 맨 앞에 다음과 같은 문장이 들어가 있는 셈이나 마찬가지이다.

"*Oldboy* is a film about the main character Oh Dae-su's curious fate."

이 문장을 문단의 맨 앞에 집어넣어보자.

(a-1-1)

Oldboy is a film about the main character Oh Dae-su's curious fate. Oh Dae-su is kidnapped and held in a private housing cell for fifteen years. Upon his release, he is given one task by his captor: to find out the reasons why. With a decade and a half of built-up aggression and burning curiosity, Oh Dae-su searches for the answers that robbed him of his life.

같은 문장을 (a-2)에 집어넣어도 좋을 것이다. (a-2)는 비록 "Oh Dae-su"를 실명으로 거론하지 않지만 같은 논제를 취한 후 (a-1)과 같은 논지를 전개하려는 '작전'을 쓰고 있기 때문이다. 단, 논지를 선언하는 문장이 들어가는 위치는 다소 달라져야 할 것이다. 맨 앞에 들어갈 경우, 첫 문장의 "An average man …"이 만들어내는 '어떤 한 사람이 이렇게 됐다'는 투의 불확실성의 '서스펜스' 효과가 없어지기 때문이다. 따라서 오히려 맨 뒤에 첨부하는 편이 문단 전체의 '팀워크'를 해치지 않는 방법이 될 것이다. 위치가 달라지며 논지의 강도도 달라지기에 표현도 '…이다'에서 '할 수 있다'로 다소 약화시켰다. 또한 단순히 맨 뒤에 첨부하는 것으로는 앞 문장들과의 연결고리가 다소 느슨하기에, "In this manner"('이런 방식으로')란 '접착제' 표현을 집어넣었다. 즉,

(a-2-1)

An average man is kidnapped and imprisoned in a shabby cell for 15 years without explanation. He then is released, equipped with money, a cellphone and expensive clothes. As he strives to explain his imprisonment and get his revenge, he soon finds out that not only his kidnapper has still plans for him, but that those plans will serve as the even worse finale to 15 years of imprisonment. In this manner, *Oldboy* can be said to be a film about the main character Oh Dae-su's curious fate.

이렇듯 사실 '보도' 투의 문단에 함축된 논지를 분명히 해준 (a-1-1)과 (a-1-2)가 보여주는 바는 무엇인가. 두 가지 원리로 요약할 수 있다.

첫째, 논지가 없는 문단은 없다. 다만 논지가 '함축'되어 있는 경우가 있을 뿐이다.

둘째, 논지를 담은 소위 '주제문'이 문단 맨 앞에 등장한다거나, 문단 안 어디엔가 꼭 등장한다는 잘못된 통념은 버려야 한다.

두 번째 원리는 많은 참고서나 학원 강사들이 잘못 호도하는 바이니 특히 유념할 필요가 있다. 소위 '주제문'

(topic sentence)이 항상 문단마다 등장하는 것은 절대로 아니다. (a-1)나 (a-2)에서 각 문단을 구성하는 세 문장 그 어떤 것도 '주제문'으로 행세할 수 없다. 이 중 어느 하나가 앞에 나서서 혼자 독주를 하다가는, 다시 축구의 비유를 쓰자면 오프사이드 반칙이나 범할 것이다. 주제문을 (a-1-1)나 (a-2-1)에서처럼 명시적으로 첨가해두면 물론 독자로서는 편할 것이다. 실제로 작문을 할 경우에는 그렇게 쓰는 편이 더 안전하긴 하다. 하지만 독해 지문들에서는 이와 같이 (a-1)나 (a-2)처럼 주제문이 드러나지 않고 '함축'되어 있는 경우가 비일비재하다. 특히 독해시험에서는 함축된 논지를 찾도록 유도하는 문제가 흔히 나오고 이 때 원문에 있던 주제문도 지워버리고 출제하는 경우가 많기에, 더욱 더 그러하다.

따라서 문단을 독해한다는 것은 문단의 논제를 파악하고 그 논제에 대한 논지를 읽어내는 것이다. '읽어낸다'는 표현을 쓴 이유는 논지가 소위 '주제문'으로 선언되지 않은 문단도 얼마든지 많기 때문이고, 이 경우 함축된 논지를 자신이 재구성해야 하기 때문이다.

정리문제 A

지금까지 'A. 논제와 논지'에서 설명한 바들을 정리, 복습해 보기 위해 다음 문단을 읽고 논제와 논지를 영어로 써 보자.

(a-3)

Oldboy won the Grand Prix at the 2004 Cannes Film Festival and high praise from the President of the Jury, director Quentin Tarantino, who could not persuade the members of the jury to give it the Palme d' Or over *Fahrenheit 9/11.* Critically, the movie has been well received in the United States, with an 81% "Certified Fresh" rating at Rottentomatoes.com. Well-known film critic Roger Ebert has claimed *Oldboy* to be a "powerful film." (원문 일부 편집)

어휘

* win high praise 격찬을 받다 * jury 배심원, 심사위원단
* critically 비평/평론에 있어서, 비평가들 사이에서

논제: ______________________________

논지: ______________________________

해설

'정답'은 무엇일까? 논제를 물론 "Oldboy"라고 하면 일단 옳다. 하지만 이 문단의 각 문장과 여러 정보들이 움직이는 '작전'의 형태를 보면 이 문단이 『올드보이』의 어떤 특정 측면을 부각시키고 있음을 알 수 있다. 이러한 '작전'까지 읽어내야 제대로 읽은 것이다. 그렇다면 보다 정확한 논제는?

The critical reception of *Oldboy* in Europe and US

이다. 즉, 이 영화의 구미에서의 영화상이나 비평가들 사이에서의 성공 여부를 다루고 있는 문단인 것이다. 그렇다면 논지는? 위의 논제에다 '매우 호의적이었다'는 술어를 달아주면 간단히 해결된다. 즉,

The critical reception of *Oldboy* in Europe and US was quite favourable

정도로 표현하면 될 것이다. 첫 문장만을 놓고 보면 칸느 영화제의 소상한 사정을 얘기하고 있으니, 문단의 논제가 "*Oldboy* in Cannes"로 생각할 수 있다. 하지만 이어지는 두 문장은 미국에서의 반응이고, 둘째 문단에서는 논지를 거의 명시적으로 밝힌

Critically, the movie has been well received in the United States

가 등장하므로 논제는 이 두 문장을 모두 포용한 것이어야 한다. 같은 논리로 논지는 미국과 유럽에서의 반응을 각기 다룬 두 문장을 둘 다 포용한 것이어야 하므로, 이 문단의 '주제문'(topic sentence)이 (미국 쪽 반응만 거론한) 둘째 문장일 수는 없다. 즉, (a-3)도 좀 더 논지를 명시적으로 드러내주긴 하지만 (a-1)이나 (a-2)와 마찬가지로 논지가 '함축' 되어 있는 형태이다.

B
문단과의 '인터뷰'

Principle B-1 문단은 대화를 옮겨놓은 형태로 이해할 수 있다. 즉 '논제'는 대화거리 내지는 화제이고 '논지'는 이에 대한 주장이다.

Tutorial B-1 문단과 대화는 그 논리적인 구조에 있어서는 서로 다르지 않다. 문단이란 생각을 체계적으로 전개하는 모습이고, 상대방을 설득하려는 전략을 구현해 놓은 형태인 까닭이다. 문단과 대화를 연결해서 둘의 유사성을 강조하는 본 저자의 '학설'은 『영작문 Classic』에서도 자세히 다룬 바 있다. 작문이 아니라 독해의 과제를 염두에 둔 형편에서도 이 기본적인 원리는 도움이 된다. 글을 읽는다는 것은

'누군가가 쓴 글'을 읽는 것이다. 그렇다면 '글을 쓴 사람'이 전하려는 바, 그 뜻과 의중을 파악하는 것이 독해과정이어야 한다.

문단을 인쇄된 형태로만 보면 흑백의 글자들을 빽빽하게 모아놓은 모습이니 갑갑한 느낌을 받는다. 게다가 남의 나라 말로 써 놓은 문단은 위압적일 수밖에 없다. 하지만 문단을 읽을 때는 한 줄 한 줄 읽게 되기에, 문단의 딱딱한 느낌은 엉킨 실타래를 풀듯이 차차 풀어진다. 아니면 당구나 포켓볼에 비유할 수도 있을 것이다. 게임 시작 전에 삼각형으로 한 데 모아놓은 공들을 쳐서 흩어놓는 것으로 게임을 시작한다. 선수들이 흩어진 공들 사이에서 여러 갈래 '길'을 읽어내어 거기에 맞게 공을 구멍에 쳐 넣는 과정이 포켓볼 게임의 원리가 된다. 실타래건 포켓볼이건 문단 독해는 처음에는 묶여있던 말들의 뭉치로만 존재하나, 이를 읽어가며 말을 풀어내고 말과 말 사이의 '길'을 읽어가는 과정이다. 이는 누구와 한 마디 한 마디씩 주고받는 대화 과정과도 유사하다.

위에서 든 예문들로 돌아가서 또 다른 실험을 해보자. 먼저 (a-1)의 문장 사이에 질문을 하나씩 집어넣어서 대화의 형태로 바꿔보자.

(a-1-2)

독자: What happens to the main character Oh Dae-su?

문단: Oh Dae-su is kidnapped and held in a private housing cell for fifteen years.

독자: And then what happens? Is he released?

문단: [Yes.] Upon his release, he is given one task by his captor: to find out the reasons why.

독자: So, he had no idea why he was held captive, then?

문단: [No.] With a decade and a half of built-up aggression and burning curiosity, Oh Dae-su searches for the answers that robbed him of his life.

독자: I see!

대화로 옮겨놓은 형태로 원활히 읽히도록 하기 위해 둘째 문장과 셋째 문장 앞에 "Yes"와 "No"를 집어넣은 것 외에는 원문에 전혀 손을 대지 않았지만, 이와 같이 문단이 대화로 곧장 손쉽게 전환되었다. 어떻게 이러한 전환이 가능할까? 그것은 문단을 쓰는 행위는 문단을 읽는 사람과의 암묵적인 대화를 나누는 과정처럼 전개되기 때문이다. 역으로 문단을 읽는 행위는 각 문장이 끝날 때마다, 그 문장이 제기하는 질문을 던져보고 그 다음 문장이 그 질문에 대한 대답이 되었는지 살펴보고, 다시 또 미진한 부분이나 새로운 문제에 대한 질문을 던지는 대화의 과정이다.

따라서 (a-1) 문단을 읽는 과정은 다음과 같다고 할 수 있다.

(a-1-3)

(독자: What happens to the main character Oh Dae-su?) Oh Dae-su is kidnapped and held in a private housing cell for fifteen years. (독자: And then what happens? Is he released?) Upon his release, he is given one task by his captor: to find out the reasons why. (독자: So, he had no idea why he was held captive, then?) With a decade and a half of built-up aggression and burning curiosity, Oh Dae-su searches for the answers that robbed him of his life. (독자: I see!)

물론 꼭 이런 식의 질문만이 독자에게 떠오르라는 법은 없다. 첫 문장을 읽고 나서, (우리말로 질문을 표현하자면), "뭐야? 말도 안 돼. 그게 어떻게 가능해!" 하는 시큰둥한 반응을 보일 수도 있고, 아니면 "15년이면 완전히 정신이 돌았겠군!" 하는 엉뚱한 반응을 보일 수도 있다. 다만 주어진 문단을 빨리, 효율적으로 읽을 때 이와 같은 반응을 보이며 문장을 하나씩 읽어간다고 할 수는 있을 것이다. 이 문제는 이어지는 B-2에서 좀 더 자세히 설명할 것이다.

Principle B-2 대화하듯 문단을 읽을 때 '논제'를 파악하는 것이 일차적으로 고려할 사항이다.

Tutorial B-2 문단을 읽어가는 과정은 각 문장과 대화를 하는 과정이다. 그런데 일반적인 대화에서도 대화가 술술 서로 잘 맞아떨어져 풀리는 경우도 있지만 그렇지 못한 경우도 비일비재하다. 가령 검찰 취조실에서 피의자로 조사를 받는 사람과 검사가 나누는 대화를 상상해보자. 어디 대화가 쉽게 풀리겠는가?

검　사: 당신, 오대수를 납치한 것 맞지?
피의자: 오대수가 누구요?
검　사: 왜 15년간 사설 감옥에 갇혀 있던 사람 말이야.
피의자: 난 모르는 얘기요.
검　사: 이거 왜 그래! 그 감옥 시설이 있는 건물 소유주가 당신이잖아.
피의자: 난 임대업자일 뿐이오. 임대료만 받으면 그만이지 내 건물에서 누가 뭘 하는지 내가 알 바 없소.
…

이런 식으로 대화가 진행된다면 (a-1)은 첫 번째 문장

"Oh Dae-su is kidnapped and held in a private housing cell for fifteen years"도 아직 시작 못할 것이니, 어느 세월에 문단을 만들어볼 것인가. 실제로 문단을 만드는 사람은 따라서 자신의 의도에 맞춰, 말하자면 예상 질문을 미리 짜 놓고 글을 구성해 낸다. 즉, 위의 'A. 논제와 논지'에서 설명한 대로, 해당 논제에 국한하여 질문을 받고 이러한 질문들은 해당 논제에 대한 논지를 전개하는데 도움이 되도록 유도해 놓은 것이라고 할 수 있다. 비유하자면 문단에 함축된 대화란 검사취조실이라기 보다는 '언론플레이'에 능한 정치인이 미리 '손을 써 놓은' 기자들의 질문만 받는 인터뷰라고 할 수 있다.

구체적인 예로, 이번에는 위의 'A. 논제와 논지' 정리 문제에서 사용했던 (a-3)을 대화로 풀어보자.

(a-3-1)

독자: What's so special about *Oldboy*?

문단: *Oldboy* won the Grand Prix at the 2004 Cannes Film Festival and high praise from the President of the Jury, director Quentin Tarantino, who could not persuade the members of the jury to give it the Palme d'Or over *Fahrenheit 9/11.*

독자: Really? But what about in America?

문단: Critically, the movie has been well received in the

United States, with an 81% "Certified Fresh" rating at Rottentomatoes.com.

독자: I see. But a good rating at "Rottentomatoes.com"? That's not really a professional critical evaluation, is it?

문단: Well-known film critic Roger Ebert has claimed *Oldboy* to be a "powerful film".

독자: OK, that makes more sense, then.

그러나 실제 독서에서 이렇게 효율적으로 대화가 진행되라는 법은 없다. 가령 (a-3)의 첫 번째 문장을 읽고 나서 드는 의문은 한두 가지가 아니다. 이것을 각기 다른 독자의 반응으로 극화해 보자.

(a-3-2)

문 단: *Oldboy* won the Grand Prix at the 2004 Cannes Film Festival and high praise from the President of the Jury, director Quentin Tarantino, who could not persuade the members of the jury to give it the Palme d'Or over *Fahrenheit 9/11*.

독자①: Hm... Cannes Film Festival? They like weird stuff, generally, don't they? They're biased against Hollywood, so they like non-Hollywood films. No?

독자②: What? Quentin Tarantino? Wow, I'm his great

fan. Isn't he is a great filmmaker?

독자③: Palme d'Or and Grand Prix, which is really the great prize? Sounds quite confusing to me.

독자④: *Fahrenheit 9/11!* Nonsense. That's no film. It' s a documentary. That's not fair. Is it because *Oldboy* is a Korean film? They're biased against us Koreans!

어휘

* weird 괴상한, 기괴한 * be biased against 누구에게 편견을 갖다, 불공평하다

이밖에도 여러 가지 반응과 질문들이 제기될 만한 문장이다. 어디 이 문장만 그런가. 그 어떤 문장도 거기에 대해 사람에 따라 각양각색의 반응이 나오기 마련이다. 문단을 짓는 이는 이러한 반응을 적절히 예측하고 통제해야만 한다. 아니면 도저히 문단을 만들어갈 방도가 없다. (a-3) 문단의 경우 논제가 「올드보이」에 대한 구미 영화계의 평가이기에, 이 문장을 읽고서는, "아 참 거 대단하군. 하지만 그건 유럽 쪽 반응 아니야? 영화는 뭐니 뭐니 해도 미국 아닌가?" 같은 식의 반응이 나오기를 예상한 구성이다. 그래서 (a-3-1)에서처럼 "Really? But what about in America?" 같은 질문이 제기될 것을 가정하고 이어진 문장에서는 곧장 미국에서의 평가를 다루고 있는 반면, 첫 문

장이 제기하는 (a-3-2)의 '진행에 도움이 안 되는' 여타의 질문들에 대해서는 일체 언급을 하지 않고 있다. 언론플레이에 능한 정치인처럼.

한 문단의 논제는 이렇듯 한 문장을 구성하는 중심축이다. 문단을 구성하는 문장들은 논제에서 이탈하지 않고 논제와 상관없는 예상 질문들을 비껴나간다. 말하자면 축구선수가 공을 잡고서 드리블을 할 때 상대방 수비수의 태클을 피해나가는 모습에 비유할 수도 있다.

반면에, 다시 강조하지만, 문단을 비판하는 것이 아니라 일단 이해하는 게 당장의 급한 과제인 독자의 입장에서는 논제를 파악하고 논제에 맞는 질문을 던지며 읽어나가는 게 시간과 노력을 절약하는 방법일 것이다. 만약 위의 (a-3-2)의 '독자 ①'의 입장에서 계속 (a-3)을 읽어나간다면 독해는 순조롭게 앞으로 나가지 못할 것이다. '독자 ①'처럼 이 문단을 읽는다면 다음과 같은 '불만 섞인 대화'로 변질될 것이다.

(a-3-3)

독 자: What's so special about *Oldboy?*

문 단: *Oldboy* won the Grand Prix at the 2004 Cannes Film Festival and high praise from the President of the Jury, director Quentin Tarantino, who could not persuade the members of the jury to give it the Palme d' Or over *Fahrenheit 9/11.*

독자①: Hm... Cannes Film Festival? They like weird stuff, generally, don' t they? They' re biased against Hollywood, so they like non-Hollywood films. No?

문　단: Critically, the movie has been well received in the United States, with an 81% "Certified Fresh" rating at Rottentomatoes.com.

독자①: OK, but you're not answering my question. Why should a film be great because Cannes says it's great? And besides, Tarantino is a weird guy himself. If he says something's good, well, then, are we to trust him?

문　단: Well-known film critic Roger Ebert has claimed *Oldboy* to be a "powerful film".

독자①: Pardon? Who said what? I'm sorry. I was still thinking about Tarantino ...

실제로 이렇게 논제를 비껴나간 질문을 던지는 것은 그 자체로 흥미로운 일일 수는 있다. 정치인의 인터뷰에 비유한다면, 적대적인 기자를 만나서 곤혹스런 질문 공세에 시달리는 꼴이다. 하지만 일단 주어진 문단을 파악하는 게 급

선무인 독자로서는, 이런 신랄한 공격은 자제하는 게 좋다. 물론 다 이해하고 나서는 저자의 논리적 맹점을 집어내는 '비판적 독해' 가 가능하겠으나, 모든 일에는 순서가 있다.

Principle B-3 **문단의 '논지' 를 찾아내는 질문을 던지는 편이 독해에 유리하다.**

Tutorial B-3 문단을 읽으며 드는 의문, 문장과 문장 사이에서 제기될 법한 질문들이 제한된 시간에 정확히 문단을 읽어내는 데 기여하도록 하려면, 가급적 '논제' 를 벗어나는 질문을 던지지 않는 게 유리하다. 뿐만 아니라 '논제' 에 대해 무슨 말을 하려고 하는지 그 '논지' 를 파악하는, 소위 '주제파악' 에 기여하는 질문들을 던지는 게 좋다.

가령 (a-3) 문단을 읽을 때 가장 효율적인 질문들은 다음과 같은 형태일 것이다.

(a-3-4)

독자: What's your point about *Oldboy?*

문단: *Oldboy* won the Grand Prix at the 2004 Cannes Film Festival and high praise from the President of the Jury, director Quentin Tarantino, who could not persuade the members of the jury to give it the Palme d' Or over *Fahrenheit 9/11.*

독자: So, you're suggesting Oldboy was a success at Cannes. OK, but what about in America?

문단: Critically, the movie has been well received in the United States, with an 81% "Certified Fresh" rating at Rottentomatoes.com.

독자: So, you're suggesting the film was a critical success in the States, too. But a rating at "Rottentomatoes.com" isn't exactly a professional critical evaluation, is it?

문단: Well-known film critic Roger Ebert has claimed *Oldboy* to be a "powerful film".

독자: OK, that makes more sense, then.

(a-3-4)의 독자는 첫 번째 문장을 읽고 나서 이 문장에 주어진 정보와 표현들을 종합해서 이 문장에 함축된 논지가 "「올드보이」가 서구 평단에서 후한 점수를 받았다"라는 주장임을 파악했다. 그리고서 이 독자는 과연 이 논지가 얼마나 설득력 있게 전개되었는지를 따져 물었고, 둘째 문장과 셋째 문장을 통해 그 의문점에 대한 대답을 얻었다. 그런데 만약 이렇게 한 눈에 논제와 논지를 정확히 파악하지 못했다면? 흐름이 막힌 대목에서 바로 앞 문장으로 돌아가서 자신이 던지는 질문을 다시 고쳐서 물으면 된다.

가령 위의 (a-3-2)의 '독자 ②'가 첫 문장을 읽은 후 던진 질문,

> "What? Quentin Tarantino? Wow, I'm his great fan. Isn't he is a great filmmaker?"

에 대해 이어지는 두 번째 문장이 전혀 대답을 하지 않는다는 것을 깨달았다고 치자. 얼른 정신을 차려서 첫 문장을 다시 보면, 지금 논제가 타란티노에 대한 것이 아님을 깨달을 것이고, 논제에 집중하다 보면 바로 본인이 그렇게 존경하는 타란티노 감독의 후한 평가를 받은 영화이므로 비평적으로는 성공한 영화라는 논지가 함축되어 있음을 파악할 것이다. 그리고는 이렇게 질문을 고쳐 물을 것이다.

> (a-3-5)
> "Quentin Tarantino? Isn't he is a great filmmaker? If he liked the film, I'm sure it's good. Did other Americans like it, too?"

이와 같이 문단을 읽어내는 과정은 그 문단과 적절하고도 효율적인 대화를 나누는 과정이다. 물론 이러한 질문들을 꼭 영어로 하지 않고 모국어로 던져도 무방하다. 중요한 것은 이러한 '대화적 독법'의 습성을 키우는 것이다. 이러한

훈련은 여러 모로 유익하다.

첫째, 『영작문 Classic』에서 제시했듯이 작문을 잘 할 수 있는 습성과 안목을 키워줄 수 있다.
둘째, 논리적 사유훈련을 지속적으로 할 수 있다.
셋째, 문단이 제기하는 올바른 질문들을 찾아내는 훈련을 통해 말하자면 독해시험 출제자의 시각을 가질 수 있게 된다.

주어진 독해 지문에서 당연히 물을 법한 질문들을 미리 감지하며 읽어나간다면, 지문을 다 읽은 후 문제와 마주칠 때 훨씬 더 편안한 마음으로 답을 찾을 수 있을 것이다.

정리문제 B

이상에서 설명한 문단과 '대화' 나누기를 복습해보기 위해, 영국의 저명 일간지 『더 가디언』(*The Guardian*)의 영화평 란에서 발췌한 아래 문단을,

(1) 먼저 한번 읽고,
(2) 문장 사이에 (우리말 또는 영어로) 적절한 질문 내지는 논평을 만들어 써 넣어보자.

(b-1)

Oh Dae-su, (Choi Min-sik) a Seoul businessman, is arrested and released during a drunken spree, but is abducted on his way home. For 15 years he's kept in some private windowless prison seeing no one and drugged when in need of attention. He has books and a television set from which he learns that he's wanted for the murder of his wife. He keeps a joint diary and autobiography to examine his past for clues to his incarceration and to record his changing state of mind. He also turns himself into a powerful fighting machine. Suddenly he's released into a changed world, looking like a wilder, more ragged version of Charles Bronson, ready to go on a revenge trip like the Count of Monte Cristo, with whom he identifies.

어휘

* drunken spree 술판(의 난동) * in need of attention (심리, 정서의 상태가 안 좋아) 돌봐줄 필요가 있는 * wanted for X (X 범죄혐의로) 수배중인 * incarceration 감금상태 * ragged 거친, 남루한 * identify with X (X와) 자신을 동일시하다

Oh Dae-su, (Choi Min-sik) a Seoul businessman, is arrested and released during a drunken spree, but is abducted on his way home.

For 15 years he's kept in some private windowless prison seeing no one and drugged when in need of attention.

He has books and a television set from which he learns that he's wanted for the murder of his wife.

He keeps a joint diary and autobiography to examine his past for clues to his incarceration and to record his changing state of mind.

He also turns himself into a powerful fighting machine.

Suddenly he's released into a changed world, looking like a wilder, more ragged version of Charles Bronson, ready to go on a revenge trip like the Count of Monte Cristo, with whom he identifies.

해설

이미 여러 차례 이용한 (a-1), (a-2)과 유사한 문단으로, 주인공을 중심으로 영화 내용을 소개하고 있다. 문단을 구성하는 각 문장 사이에 질문을 집어넣어 본다면 대략 다음과 같은 식이 될 것이다.

(b-1-1)

Oh Dae-su, (Choi Min-sik) ... abducted on his way home.

[So, that's how the film starts, and that's the film's main character? What happens to him, then?]

For 15 years he's kept in some private windowless prison ... need of attention.

[How awful! He must have gone crazy in that state, no?]

He has ... murder of his wife.

[I see, so he does get some information about the outside world and himself. Now, does the prisoner remain entirely passive?]

He keeps a joint diary and autobiography to examine his past for clues to his incarceration and to record his changing state of mind.

[What else does he do to keep himself together?]

He also turns himself into a powerful fighting machine.

[I see. He sounds like an interesting guy. Is he released at all?]

Suddenly he' s released into a changed world, looking like a wilder, more ragged version of Charles Bronson, ready to go on a revenge trip like the Count of Monte Cristo, with whom he identifies.

C
문단과 논쟁하기

Principle C-1 문단은 논지를 보다 명시적으로 밝히는 '논쟁적 문단'과 논지를 함축하는 '사실제시 문단'으로 크게 나눌 수 있다.

Tutorial C-1 한 문단이 전체 글에서 수행하는 기능에 약간씩 차이가 난다. 이런 말을 하면 흔히 글 맨 앞과 맨 뒤에 있는 '서론'과 '결론' 문단을 얘기하는 것으로 생각할 법하지만, 서론과 결론 문단이야 대개 쉽게 (시각적으로나 말투로) 알아볼 수 있을 뿐 아니라, 독해 시험 지문 같은 경우, 아예 생략될 가능성이 더 많다. 독해시험에서는 제한된 지면에 제시문을 집어넣어야 할 뿐 아니라, 결론을 명시적으로 밝혀놓는 대신 결론을 도출하도록 유도할 것이다. 보다 중요한 구분의 기준은 해당 문단이 얼마나 논지, 즉 중심적인 주장을 명시적으로 제시하는지, 그 정도의 차이이다.

지금까지 살펴본 (a-1), (a-2), (a-3), (b-1) 문단은 모두 「올드보이」 내용을 소개하는, 즉 사실제시를 하는 문단들로, 논지는 함축되어 있거나 생략되어 있다. 실제 영화평에서는 이렇게 사실을 제시한 후에는 이에 대한 논평을 해주는 본격적인 평가가 잇따라야 할 것이다. 물론 사실제시 문단이라고 해도 논평적인 성격의 논지가 거기에 함축되어 있기는 하다. 가령 (a-3)에서 제시한 여러 사실들을 종합할 때, '이 영화는 구미 평단의 호평을 받은 볼 만한 영화이다' 라는 주장이 도출된다. 그러나 문단의 초점은 논지를 뚜렷이 제시하여 자신의 주장을 펼치는 것이 아니라 논제에 대한 정보를 제공하는 사실제시에 맞춰져 있다.

'사실제시' 가 주된 목적인 문단들은 비교적 협조적이고 호의적인 독자의 '예상 질문' 을 따라가며 구성된다. 다시 (b-1)의 '대화적 구조' 를 요약해보기 위해 이 문단을 앞의 [54] 쪽으로 가서 한 번 더 읽어보자.

이 문단이 시작되기 전에 독자가 던질 법한 질문은,

독자: 무슨 영화야? 영화가 어떻게 시작되지?

라고 가정할 수 있다. 비교적 관심을 갖고 있는 협조적인 독자이다. 문단은 오대수의 감금 사건을 일단 소개한다. 이에 독자는 호기심이 커져서,

독자: 그 다음엔 어떻게 돼?

라고 물었다고 가정하자. 별 걸림돌 없이 플롯 소개가 이어진 것을 보면 그 정도 질문을 예상한 것으로 추정된다.

그런데, 감금의 상황을 전해들은 독자는 더욱 더 궁금해진다. 다른 한편, 너무 지나치게 극단적인 상황이 아닌가 하는 의구심도 생긴다.

독자: 아니 그럴 수가! 너무 한 거 아니야?

문단은 이를 의식한 듯, 텔레비전은 볼 수 있다는 디테일을 보완한다. 독자의 관심은 이제 주인공이 여기에 어떻게 대처하는지 여부로 쏠린다.

독자: 그런 상황이라면 … 주인공이 어떻게 대처하지?

문단은 이어지는 두 문장에서 이 질문에 대답을 해준다. 이에 독자는

> 독자: 그렇군. 그래서, 석방은 되나?

라고 묻자 문단은 석방의 정황을 설명해준다. 그리고 여기까지 비교적 협조적이었던 독자에게 보답할 겸, 앞의 두 문장에서 열심히 자기 관리를 해온 주인공의 모습을 서구인들에게 친숙한 이름들, 즉 미국 액션 배우 찰스 브론슨(Charles Bronson)과 서구문학의 대표적인 '복수의 화신' 몬테 크리스토(Monte Cristo) 백작에 비유해주는 '보너스'를 선물한다. 이상과 같이 전개된 문단에 함축돼 있는 논지는 무엇일까. '이 영화는 제법 흥미진진한 액션영화이다' 정도가 될 것이다.

사실제시가 1차적인 목적이 아니라 좀 더 논평적인 성격이 강화된 문단에서는 이러한 함축적인 논지를 보다 전면에 내세울 것이다.

예를 들어 아래 『더 가디언』(*The Guardian*) 지에 실린 또 다른 「올드보이」 영화평에서 한 문단을 살펴보자.

(c-1)

Oldboy certainly shows that it's Asia where the farthest reaches of extreme cinema are to be found. The worst nightmare is that 15 years in prison, which leaves the numbed viewer wondering if that is an unspeakably long time – or perhaps an unspeakably short time in the nihilist wasteland Park conjures up. "What happens after you've revenged yourself?" wonders Dae-su. "I bet the hidden pain will come back." This is a cinema that holds an edge of cold steel against your throat. (원문 일부 편집)

어휘

* reaches 지점, 유역 * nightmare 악몽 * numbed 마비된, 감각/지각을 잃은 * nihilist 허무주의의 * wasteland 황무지 * conjure up (마법으로) 불러낸 * revenge oneself 자신의 원수를 갚다, 복수하다 * hold X against your throat 목에 X를 바짝 대다

이 문단은 앞에서 영화 내용을 몇 개의 문단으로 상세히 소개한 후에 첨가된 논평적인 성격의 문단이다. 첫 번째 문장에서 "*Oldboy* certainly shows"에서 '보여주는' 것은 직접 영화가 보여주는 장면을 말하려는 것이 아니라 영화의 의미와 의의를 평가한다는 뜻이다. 이렇게 문단을 시작

하는 것은 이제껏 영화에 대한 설명을 다 읽은 독자가, 가령,

> 독자: 그래, 다 좋은데, 이 영화는 도대체 뭐 하자는 영화야? 아주 잔인하고 끔직한 영화 같은데?

처럼, 다소 냉소적인 질문을 할 것을 염두에 둔 것이다. 이러한 의문의 여지를 수용함과 동시에 이를 자신의 평가의 내용으로 삼는다. 즉,

> 문단: 맞아, 아주 극단적인 영화야.

라고 운을 뗐다. 그러나 '극단적'이란 표현은 의미가 불분명하다. 이에 독자는

> 독자: '극단적'이라고? 무슨 의미에서? 그래서 좋다는 거야, 뭐야?

라고 반문하기 마련이다. 문단은 여기에 대해서 이 영화 플롯의 기본 설정이 되는 15년간의 오대수 감금 사건이 왜 15년인지, 이게 적절한 '형기'인지에 대해서 별 의미를 찾기 어렵다는 점, 그리고 이것이 곧 이 영화의 허무주의와 통한다는 점을 이 영화의 핵심적인 의미로 제시한다. 이에

독자는 묻는다.

> 독자: 그래? 허무주의 영화라고? 해결책도 없고 해답도 없는 영화?

그러자 문단은 앞에서 사용한 '허무주의'란 용어를 좀 더 쉽고 구체적으로 설명하기 위해서 주인공의 대사를 인용한다. 이쯤 되면 냉소적인 독자도 어느 정도 수긍을 할 법하다.

> 독자: 흠 … 그렇군. 복수를 해봤자 해결되는 것은 없다 … 거 참 …

냉소적 독자를 이 정도로 누그러뜨리자, 문단은 비유적인 표현을 사용해서 영화에 대한 총평을 제시한다. 마치 목에 칼을 대는 듯 으스스한 영화라고. 공교롭게도 이러한 섬뜩한 표현을 굳이 쓴 이면에는 냉소적이고 적대적인 독자를 '제압' 하려는 의중이 담겨있는 것처럼 보이기도 한다.

이렇듯 문단과 독자는 협력관계 뿐만 아니라 '대결관계'에 놓일 수도 있다. 연이어 C-2에서 이 문제를 좀 더 상세히 살펴 보자.

Principle C-2 문단의 구조는 예상한 독자의 태도가 어떠한가에 따라 달라진다.

Tutorial C-2 문단을 읽고 (또한 쓸 때) 문단의 구성 원리가 예상한 독자의 태도가 어떠한가에 따라 달라진다는 이 중요한 사실을 꼭 기억해 둘 필요가 있다. 위의 C-1에서 분석한 (b-1)이 협조적인 독자가 아니라 적대적인 독자를 염두엔 둔 문단이었다면 어떻게 변했을까. 여러 가능성이 있으나 가령 다음과 같은 변화'를 가정해 볼 수 있다.

(b-2)

Oh Dae-su, (Choi Min-sik) a Seoul businessman, is arrested and released during a drunken spree, but is abducted on his way home. <u>It isn't clear who captured him, but what is clear is that</u> for 15 years he's kept in some private windowless prison seeing no one and drugged when in need of attention. <u>However, he is not entirely kept dumb</u>. He has books and a television set from which he learns that he's wanted for the murder of his wife. <u>He doesn't remain entirely passive, either</u>. He keeps a joint diary and autobiography to examine his past for clues to his incarceration and to record his changing state of mind. <u>Mental exercise isn't the only thing he does</u>. He also turns

영어 문단의 원리

영어 문단의 실제

himself into a powerful fighting machine.

밑줄 친 절이나 문장들이 들어가고 마지막 문장이 생략된 이유는 (b-2)가 (b-1)보다 더 적대적인 독자를 예상하고 있기 때문이다. 첫 문장을 주자마자 가령 이런 반응이 독자에게서 나왔을 수 있다.

독자: '납치 됐다'고만 하면 어떡해? 누가 그런 짓을 했지? 범죄단체, 국가?

그래서 (b-2)의 두 번째 문장은, (b-1)의 원래 문장과는 달리, 여기에 대한 답변 겸 변명으로 시작한다.

문단: It isn't clear who captured him, but what is clear is that for ...

그리고 자신이 하고자 하는 일, 즉 이 영화 내용을 소개하는 작업을 이어간다. 하지만 독자는 여전히 냉소적이다.

독자: 뭐라고? 창문도 없는 감방에 가둬두고 약물로 통제한다고? 사람이 완전히 병신이 됐겠군.

이에 문단은 이런 반응을 염두에 둔,

However, he is not entirely kept dumb.

을 첨가한 후, 이를 입증하는 정보를 준다. 하지만 독자는 여전히 냉랭하다.

독자: 겨우 그 정도로 뭘? 완전히 수동적인 상황이 잖아.

그러자 문단은 여기에 대해,

He doesn't remain entirely passive, either.

라는 답변을 한 후, 그 다음 단계로 나아간다.

그래도 이 말을 다 들은 후에도 독자는 여전히 시큰둥하다.

독자: 그래? 정신만 멀쩡하면 뭐하나. 몸이 갇혀 있는데.

이에 문단은 여기에 대해,

Mental exercise isn't the only thing he does.

라는 답변을 한 후, 육체를 단련한다는 정보를 제공한다.

그리고 원래 (b-1)에서 '보너스 격'으로 붙여뒀던 마지막 문장은 조용히 빼버렸다. 공연히 호의를 베풀었다가 적대적인 반응을 초래할 공산이 크기 때문이다. 가령,

독자: 웃기지 마시지. 배우가 한국인 아니야? 동양놈이 어디 찰스 브론슨과 같은 체구냐? 또, 뭐? 몬테크리스토 백작? 그 책을 그 친구가 감옥에서 읽었다는 거야 뭐야? 말을 분명히 해야지!

등의 공세를 받아서 애써 꾸려나간 영화 설명이 그만 다 와르르 무너질 위험마저 있기 때문이다.

독해 대상으로서 사실제시 문단인 (b-1)과 사실제시를 하며 동시에 '논쟁'도 관리해야 하는 (b-2), 어느 편이 더 읽기가 편할까. 두 말할 나위 없이 전자일 것이다. 이 책의 「Part II. 영어문단의 실제」에 등장하는 고전적 문단들은 대개가 후자에 가깝다. 이러한 문단들로 훈련을 하면 (b-1) 같은 구조의 문단은 매우 수월하게 읽어낼 수 있기 때문이다. 마치 육상 선수가 모래주머니를 달고 훈련하듯.

Principle C-3 적대적 독자를 염두에 둔 논쟁적 구조를 갖고 있는 문단의 논지는 문단을 '논쟁'으로 재구성하므로 찾아낼 수 있다.

Tutorial C-3 논쟁적 구조의 문단은 (b-2)에서 보았듯이, 사실 전달 그 자체에 기여하는 문장들이나 표현 외에 예상되는 적대적 질문을 처리해주는 문장과 표현들이 등장하기 때문에, 순조롭게 논제를 구체화하며 논지를 함축하는 형태와는 사뭇 다르다. 이런 경우 논지를 찾아내는 과정은 해당 문단이 그러한 형태를 띠도록 만드는 조건, 즉 논쟁적 구조를 파악하는 과정과 일치한다. 이때 논지는 이러한 논쟁적 과정을 거치며 자신의 약점을 보완해간 후, 반론의 목소리를 충분히 잠재운 후에야 정착된다. 말하자면 논지는 더 이상 적대적인 질문이 나오지 않는 지점에서 정확히 파악할 수 있다.

이를 예시하기 위해 (c-1)를 좀 더 논쟁적인 구조로 바꿔보자.

(c-2)

Oldboy certainly shows that it's Asia where the farthest reaches of extreme cinema are to be found. The film is extreme not merely in its graphic violence. More important is its radical refusal to provide clear-cut answers. For example, the worst nightmare is that 15 years in prison, which leaves the numbed viewer wondering if that is an unspeakably long time--or perhaps an unspeakably short time in the nihilist wasteland Park conjures up. Nothing is resolved or clarified by the violent actions, unlike your typical Hollywood thriller. "What happens after you've revenged yourself?" wonders Dae-su. "I bet the hidden pain will come back." This is a cinema that holds an edge of cold steel against your throat.

어휘

* not merely = not only, 단지 …만은 아니다 * graphic 생생하게 묘사된 * radical 근본적인, 급진적인 * clear-cut 명확한, 분명한 * resolve (문제를) 해결하다 * clarify 분명히 밝히다, 규명하다 * typical 전형적인 * thriller (짜릿한 액션 등이 주안점인) 드릴 영화

이렇게 밑줄 친 문장과 표현들을 집어넣은 이유는 가령 다음과 같은 '적대적 독자'의 반론을 예상했기 때문이다.

(c-2-1)

문단: *Oldboy* certainly shows that it's Asia where the farthest reaches of extreme cinema are to be found.

독자: Extreme cinema? No doubt, because according to your summary, the film seems to be full of violent, cruel, and horrible stuff.

문단: The film is extreme not merely in its graphic violence.

독자: What else does it offer, then?

문단: More important is its radical refusal to provide clear-cut answers.

독자: If so, it's not only violent but quite irresponsible! Violence for its own sake?

문단: For example, the worst nightmare is that 15 years in prison, which leaves the numbed viewer wondering if that is an unspeakably long time--or perhaps an unspeakably short time in the nihilist wasteland Park conjures up.

독자: Look, you're evading my question. A "nihilist wasteland"? Because there's no clear answer?

문단: Nothing is resolved or clarified by the violent actions, unlike your typical Hollywood thriller.

독자: There's violence but it solves nothing? That's nihilistic, indeed!

문단: "What happens after you've revenged yourself?" wonders Dae-su. "I bet the hidden pain will come back."

독자: That's an interesting remark.

문단: This is cinema that holds an edge of cold steel against your throat.

어휘

* for X's sake X를 위한 * evade 회피하다 * remark 발언, 지적

물론 이렇듯 문단에 내재된 '논쟁'은 결국 '문단' 쪽이 이기는 논쟁이다. 아니면 애초에 문단이 구성되지 않았을 것이다. 따라서 어느 정도 적대적인 질문을 예상하여 이를 미리 처리해두므로 문단의 '방어력'을 키워줬다고 할 수 있다. 축구에서도 수비가 든든해야 경기에서 이길 수 있다. 문단도 마찬가지이다. 공격의 루트를 미리 모두 예측하여 적절히 방어할 때 문단의 원래 목적, 즉 논지를 전개한다는 '골'을 넣을 수 있을 것이다.

그런데 이러한 논쟁적 구조를 갖는 문단을 독해하는 데 문제점은 논지가 담긴 특정 문장이 눈에 쉽게 들어오지 않는다는 것이다. 가령 (c-1)의 첫 번째 문장이 이 문단의 논지라고 할 수는 없다. 어느 정도 논지를 담고 있기는 하나, "*Oldboy* is an extreme cinema"라는 이 문장의 주장은

그 자체로는 이 문단의 논지의 아직 다듬어지지 않은 '초기 단계'일 뿐이다. 여기에 대한 독자의 공격이 쇄도할 수 있기 때문이다. 이에 위의 (c-2-1)에서 보았듯이, 이 문장에서 사용한 "extreme cinema"란 표현은 적대적 반응을 예측하여 몇 차례 '조정'을 걸치면서 "nihilist"란 키워드로 바뀌었다. 이런 후에야, 이 지점에서 적대적 독자가 수긍을 했던 모습을 보면, 이 문단의 논지는 "*Oldboy* is a nihilist film"임을 알 수 있다. 즉, 단순한 폭력물이 아닌 '정답'을 거부하고 해답과 해결의 불가능성을 말하고자 하는 (철학을 전공한 감독이 만든 영화다운) 이 영화의 '철학적 깊이'를 지적하는 것이 이 문단의 목적이다. 그래서 주인공의 대사를 마치 심오한 철학적 발언이나 되는 듯 인용해주고 있는 것이다.

논쟁적 문단의 독해를 원활히 수행하려면 이렇듯 문단의 논쟁적 구도를 파악하는 훈련을 해야 한다.

자, 이제 'A. 문단의 정체'부터 'B. 문단과의 인터뷰'에서 'C. 문단과 논쟁하기'까지 설명한 바를 정리해보자.

문단은 같은 '편'에서 뛰는 선수들처럼 한 가지 목적을 위해 서로 협력하는 문장들의 집합이다.

그런데, 이들이 상대하는 반대편에는 독자가 있다. 이 독자가 누구일지는 모른다. 경우에 따라서는 비교적 호의적인 독자로 가정할 수도 있고, 경우에 따라서는 보다 적대적인 독자로 가정할 수도 있다. 이에 따라 문단을 구성하는 '선수', 즉 문장들이 '뛰는' 패턴과 작전이 달라진다.

문단을 읽는 것은 이러한 '작전'을 읽어내는 과정이다. 이러한 '작전'을 읽어내지 못하고 개별 표현이나 구문의 문법 사항에만 붙잡혀 있다면, 또한 그런 식의 '훈련'만 시키는 코치 밑에서 배운다면, 독자는 문단과 만나서 백전백패할 수밖에 없다.

문단의 논제와 논지를 파악하고, 그러한 논지를 전개하는 '작전'을 훤히 꿰뚫어 볼 때만이 각종 시험에 등장하는 독해 지문을 제압할 수 있을 것이다. 또한 서구에서 나오는 인터넷이나 인쇄물이 제공하는 각종 영어 문서를 제대로 파악하고 소화하고 비판적으로 이용하므로 '극복'할 수 있을 것이다.

정리문제 C

이상에서 설명한 바대로 아래 문단의 문장 사이에 들어갈 법한 '적대적' 질문이나 논평을 (영어나 우리말로) 써본 후, 논지를 한 개의 영어 문장으로 써보자. 제시문은 (미국에서 비교적 한국 문화에 관심이 가장 많은 일간지라고 할 수 있는) 『LA 타임즈』(*LA Times*)에 실린 「올드보이」 영화평의 일부이다.

(c-3)

Park Chanwook was a philosophy student before he was a filmmaker, and philosophy is something he's still interested in. Underneath the frenetic action of the *Oldboy* lurk unanswered questions about guilt, responsibility and morality. The central question of the film, close on the heels of every hairpin plot twist, is whether an immoral act is still immoral if the sinner is unaware. The question of morality, however, remains purely personal. During his time in the hotel room, Dae-su marks the passage of time by watching TV. But the way in which even momentous major news events are funneled into his little room (in split screen we watch him watching reports on the death of Princess Diana, the turn of the millennium, the fall of the World Trade Center) makes them seem contained by the screen, completely foreign to Dae-su's experience. The character of Dae-su is consumed with the personal, as is his enemy, whose motives, when they are revealed, seem almost surreally subjective. (원문 일부 편집)

어휘

* frenetic 광적으로 열정적인 * lurk 이면에 숨어 있다 * close on the heels of 바짝 뒤를 쫓아가다 * hairpin '유턴' 하듯, 반전하는 * momentous 중요한, 기념비적인 * funneled (좁은 통로로) 흘려보내는 * surreally 초현실주의(surrealism)적인 * consumed with (열정 등에) 몰두하다, 소진되다.

번역

Park Chanwook was a philosophy student before he was a filmmaker, and philosophy is something he's still interested in.

____

Underneath the frenetic action of the *Oldboy* lurk unanswered questions about guilt, responsibility and morality.

____

The central question of the film, close on the heels of every hairpin plot twist, is whether an immoral act is still immoral if the sinner is unaware.

____

The question of morality, however, remains purely personal.

____

____

During his time in the hotel room, Dae-su marks the passage of time by watching TV.

____

____

But the way in which even momentous major news events are funneled into his little room ... makes them seem contained by the screen, completely foreign to Dae-su's experience.

____

____

The character of Dae-su is consumed with the personal, as is his enemy, whose motives, when they are revealed, seem almost surreally subjective.

논지: ____

____

해설

이 문단은 (c-1)보다 어휘는 더 다양할지 몰라도 논리적으로는 비교적 덜 복잡한 구조이다. 첫 문장에서 박찬욱 감독의 철학적 배경과 관심을 소개했다. 이 문장이 논지일까? 아직 단정하기는 이르다. 왜냐하면 다음과 같은 질문이 나올 법하기 때문이다.

(c-3-1)

독자: So what? What does this violent action film have to do with philosophy?

두 번째 문장은 여기에 대한 답변이다. 이렇게 하므로 이 문단의 논제가 박찬욱 감독 본인의 철학적 배경이 아니라 영화 「올드보이」의 철학적 측면으로 바뀌었으니 첫째 문장을 그대로 논지로 택할 수는 없다.

하지만, 액션 이면에 철학적 물음들이 깔려있다는 두 번째 문장으로 적대적인 독자가 만족할까? 그럴 리 없다. 아마도,

독자: You mentioned “questions about guilt, responsibility and morality” but they are all different questions, aren’ t they? What is the most important question of all?

라고 물을 법하다. 세 번째 문장은 여기에 대해 그런대로 만족스런 대답을 담고 있다.

그러면 이것이 이 문단의 논지일까? 아직 문단은 끝나지 않았다. 질문 공세가 수그러들지 않았기 때문이다. 독자는,

독자: Responsibility of the sinner? This isn't just a philosophical question, but a social and public issue, isn't it?

이라고 물을 수 있기에, 네 번째 문장에서는 이 영화의 문제제기가 철저히 개인적인 것임을 강조한다. 이어지는 문장들은 "purely personal"이란 주장을 예시하여 논지를 보강하고 있다. 이어지는 질문은 비교적 단순한

독자: How so?

그리고 다섯 번째 문장 다음에는

독자: So?

여섯 번째 문장 다음에는

> 독자: What about the main plot itself? That's personal and subjective, too?

정도가 되면서 말하자면 '사실제시' 문단처럼 '술술' 넘어간다.

결국 '적대적 독자'의 질문공세를 제압한 대목이 세 번째 문장과 이어진 네 번째 문장이라고 볼 수 있다. 문단의 논지는 따라서 세 번째 문장과 네 번째 문장을 결합시켜 놓은 형태, 즉,

> "*Oldboy* deals with the issue of morality and sin as a purely personal question."

이 될 것이다.

PART. 2

영어문단의 실제

Part 1에서는 문단의 원리를 규명하였다. 이어서 Part 2에서는 문단의 실제 모습을 탐구할 것이다. Part 2는 외형상으로는 시중에 넘쳐나는 영어독해 책들과 유사하다. 하지만 큰 원칙도 없이 주로 시사적인 지문들을 자의적으로 골라놓은 후, 약간의 어휘 해설(및 번역)을 첨부한 후 연습 문제를 달아놓은 형태의 이러한 책들과 『영문독해 Classic』의 Part 2는 (Part 1과 마찬가지로) 근본적으로 다음 두 가지 면에서 다르다.

첫째, 각 문단이 왜 그렇게 만들어졌는지, 그 '전략'을 해부하였다.

둘째, 이들 지문들은 예외 없이 문학사와 사상사에서 중요한 위치를 차지하고 있는 작가들의 고전적인 가치를 지니는 글들에서 엄선한 것들이다.

즉, 각 지문을 읽으며 문단이 만들어지는 행간의 논리를 읽어내는 안목을 키울 뿐더러, 이 문단을 쓴 지성들과 대화하는 기쁨마저 즐길 수 있도록 구성하였다. 또한 이들 지문은 고전적인 발언들이니 두고두고 다시 읽어도 '맛'이 새로울 것이다. 마치 (한때 유행하다 사라지는 대중음악과는 달리) 몇 백 년이 지난 고전 음악은 듣고 또 들어도 늘 새롭듯이. 그러니 다시 반복해서 읽어보며 공부해도 지겹지 않다는 이점이 있다.

지문들은 A에서 Y까지 총 24개이다(왜 A에서 Z까지가 아닌지는 나중에 알게 될 것이다). 이들을 수록하고 편집한 원칙은,

첫째, 난이도를 고려하였다. 즉, 먼저 비교적 사실제시의 형태에 가깝고 따라서 비교적 독해가 수월한 글들로 시작해서(대략 A에서 F까지), 보다 논쟁적이고 따라서 비교적 난이도가 높은 글들로 나아간 후(대략 G에서 R까지), 마지막으로는 에세이의 고전들에서 발췌한 예술성이 높은 지문들로 마무리했다(S-Y).

둘째, 다양성을 고려했다. 저자들은 16세기(가령 Thomas More)에서 21세기(가령 Noam Chomsky)까지, 남성 저자들이 더 많긴 해도 여성들(가령 Virginia Woolf)도 포함시켰고, 영국인이 더 맞긴 하지만 미국인들도 포함시켰고, 영국이나 미국으로 이주해 활동한 인물도(가령 Karl Marx) 등장하며, 서로 반대되는 입장을 취하는 시각들(가령 Marx와 Hayek)을 소개했다.

셋째, 진정성(authenticity)을 고려했다. 대부분 원저자가 영어로 원문을 쓴 글들에서 취했다. 다른 언어를 영어로 번역한 경우는 라틴어로 쓴 토마스 모어와 프랑스인 몽테

뉴가 있으나 모어는 영국인이고, 몽테뉴는 '에세이'의 원조이니 충분히 이 책에 포함시킬 만하다고 생각했다. 또한 원문의 표현을 바꾸거나 생략하는 일은 가급적 최소화하여 원 저자들이 쓴 그대로 제시하도록 하였다.

넷째, 경제성을 고려했다. 대부분은 문단 단위로 발췌하였고, 두 개 문단 이상을 수록한 경우는 한두 건에 국한된다.

다섯째, 독자의 편의성을 고려했다. 각 지문은 필자가 직접 번역하여 부록에 수록하였다. 지문 밑에 제시한 주요 단어나 표현들은 원문 이해에도 도움이 되겠으나 그 자체로도 중요한 단어들이니 원문에서 등장하는 문장과 함께 외워두면 좋을 것이다.

각 지문은

(1) 소개
(2) 텍스트
(3) 어휘 (번역은 '부록' 참조)
(4) 분석

으로 구성된다. 각 텍스트를 공부하는 요령은

(1) 먼저 자기가 아는 수준에서 읽으며 대략적으로 이해해보고
(2) 어휘 해설을 참조해서 잘 이해가 안 된 부분을 다시 읽어보고
(3) 그래도 이해가 잘 안되면 부록의 번역을 참고하여 점검하고
(4) 나름대로 논제와 논지를 찾고 문장 간에 진행되는 '논쟁'을 재구성해 보고
(5) [분석]을 읽으며 자신의 이해가 정확했는지 점검하고
(6) 다시 텍스트를 읽어봄으로 복습 및 확인을 하는

이런 과정을 거치길 권유한다. 좋은 글들이니 몇 번씩 다시 읽어도 '맛'이 새로울 것이고, 그러는 과정에서 독해의 기술과 안목을 자연스럽게 익힐 수 있을 것이다.

A

경제학자의 독서론

J. M. Keynes

【소개】

J. M. 케인즈(Keynes, 1883~1946)는 1930년대 대공황 때 자본주의를 위기에서 구출해준 경제학자로 알려져 있다. '거시경제학'의 선구자인 케인즈는 완전하고 안전한 고용을 통한 수요창출을 시장경제의 핵심과제로 파악했고, 이를 위해 국가가 인위적으로라도 대규모 고용을 촉진해야 한다는 입장을 취했다. 따라서 국가의 개입을 최소화시키고 고용불안전을 감수하더라도 주주의 이익을 극대화하려는 신자유주의적 입장에서 케인즈 경제학은 경계 대상 1호이다.

케인즈는 수학과 수치에만 밝은 요즘의 경제학자와는 전혀 다른 종류의 학자였다. 그는 영국 케임브리지(Cambridge) 대학교 킹스 칼리지(King's College)에서 공부하고 그곳에 남아 교수 생활을 하면서 줄곧 폭넓은 교양을 쌓았고, 1920년대에는 영국 지성계를 '휘어잡았던' '블룸즈버리 동인'(Bloomsbury Group)의 일원으로서 당대의 유명 작가, 화가 등과 어울려 지냈다. 『영문독해 Classic』의 실제 문단 분석을 경제학자인 케인즈의 독서론으로 출발하는 것은, 이 글의 난이도가 비교적 낮다는 점 외에도, 이 책의 필자가 30대를 마감하는 해에 매우 유익한 연구년을 보냈던 케임브지리 대학교에 대한 경의를 표하고 싶은 마음도 있고, 무엇보다도 학문의 경계가 느슨했던 옛 대학 문화를 상기하는 뜻에서 이다.

이 글은 독서에 대한 '비전문가'의 라디오 강연으로 문단의 구성이 비교적 덜 치밀한 편이다. 그러나 몇 차례 수정을 거친 원고이므로 여전히 모범적인 구성을 보여준다. 또한 대 경제학자이자 당대 최고의 지성다운 저자의 면모를 엿볼 수 있다. '책 그 자체'를 즐기는 넉넉함이랄까, 아니 '서가'에 꽂인 책들의 풍족함을 흡족히 감상하는 여유. 이러한 '비경제적'인 삶을 경제학자가 권장한다는 점은 사뭇 신선하다. 우리가 독서를 부담스럽게 여기는 이유는 책을 처음부터 끝까지 전부 읽어야만 한다는 의무감 때문이다.

이러한 관념이 한국인들의 의식에 깊숙이 정착된 것은 시험에 대비하여 교재나 참고서를 샅샅이 공부해야만 하는 우리나라의 교육 체계의 탓이다. 케인즈의 권유대로 자유롭게 책을 만지작거리고 즐기는 문화로 변하고, 독서가 부담이 아니라 '오락'이 될 때만이 우리도 진전한 '문화민족'으로 행세할 수 있지 않을까.

【텍스트】

A reader should acquire a wide general acquaintance with books *as such*, so to speak. He should approach them with all his senses; he should know their touch and their smell. He should learn how to take them in his hands, rustle their pages and reach in a few seconds a first intuitive impression of what they contain. He should, in the course of time, have touched many thousands, at least ten times as many as he really reads. He should cast an eye over books as a shepherd over sheep, and judge them with the rapid, searching glance with which a cattle-dealer eyes cattle. He should live with more books than he reads, with a penumbra of unread pages, of which he knows the general character and content, fluttering round him.

어휘

* acquire 얻다, 획득하다 * acquaintance 친숙함 * as such 그 자체 * rustle 재빨리 훑어보다 * intuitive 직관적인 * in the course of time 세월이 흐르다 보면 * cast an eye over 눈길을 주다 * cattle-dealer eyes cattle, 이때 'eyes'는 동사로 '예리하게 한 눈에 보다' 정도의 의미 * penumbra 그늘진 부분 * fluttering (나비처럼) 팔락거리며 날아다니다

【분석】

이 문단의 논제는 쉽게 찾을 수 있다. 논제는 첫 문장의 주어인 "reader"이다. 보다 정확히 말하면 '독자의 자세'일 것이다. 그렇다면 논지, 즉 '독자의 자세는 ＿＿＿＿＿＿다'의 빈 칸에 들어갈 말은? 첫 문장은 논지를 개괄적이고 다소 애매한 형태로 '함축'하고는 있으나 명시적으로 표현하지는 않았다. '독자의 자세는 "books as such"와 친숙해지는 것이다'라고 해놓고, "as such"를 이탤릭체로 강조는 했으나, 본인도 즉시 "so to speak"이라는 양보적인 표현을 쓴 것을 보면 이대로만 표현해서는 해결되지 않는다. 바로 그렇기에 문장 하나로 끝나지 않고 문단이 필요한 것이다. 이 첫 문장에 대한 질문은

독자: 그게 무슨 말이지?

일 것이니 말이다. 이어지는 네 개의 문장은 모두 "He should"로 시작하는 형태, 즉 이 첫 문장이 제기하는 질문에 대한 대답을 제공하는 형태로 이 문단이 구성된다.

첫 번째 문장을 읽고 제기되는 "그게 무슨 말이지?"에 대한 대답으로, 먼저 두 번째 문장은 "books as such"를 가장 쉬운 차원에서 설명하고 있다. 책이라는 물건 내지는 물체와 감각적으로 친해지는 것이란 말이다. 책의 감촉과 냄새를 즐기는 것이 '책 그 자체'와 친해지는 첫 번째 단계이다.

그러나 여기에 반론의 여지는 적지 않다. 가령,

> 독자: 아니, 그럼 책을 읽지도 않고 만지작거리기만 하란 말이야? 당신, 교수 맞아?

이런 반박이 즉시 나올 법한 발언이다. 이에 세 번째 문장은 이런 반론에 대한 대답을 담고 있다. 책을 손에 쥐고 페이지를 한 번에 훅 넘겨보며 그 내용이 무엇일지 '첫 인상'을 갖는 단계로 나아갔으니, 그냥 책이란 물체를 만지작거리는 단계보다는 진전이 있다. 또한 아무튼 책을 잠시이긴 하나 펼치긴 했으니 독서의 단계로 진입할 '제스처'는 취한 셈이다.

하지만 이대로는 여전히 충분한 대답이 되지 않았다. 독자는 여전히 질문의 공세를 늦출 마음이 없다.

> 독자: 말도 안 되는 소리! 책의 내용에 대해 즉각적으로 감을 잡는다?

넷째 문장은 여기에 대한 답변이다. 이 문장에는 다음 두 가지 답변이 담겨 있다. 먼저,

> (1) 대개 독자들이 그간 살아오며 만진 책이 수 천 권 아니겠소? 그러니 대개 감을 잡을 법하지

란 답이다. 그러나 여기에 대해서도 반론의 여지가 있다.

> 독자: 그 많은 책을 읽는 독자? 그런 사람이 몇 명이나 되나?

이런 반론이 있기에, 이어서

> (2) 적어도 읽은 책의 한 10배는 더 만져봤을 것이다

는 대답을 "at least …" 이하에 연결해 놓았다.

이렇게 해서 어느 정도 반론을 잠재워 놓으니 비유를 사용할 여유가 생겼다. 이렇듯 느긋한 독자는 양치기가 양을 대하듯 책들을 훑어보거나 가축시장에 나온 가축을 한 눈에 알아보는 거래상과도 같다는 것이다. 얼핏 보면 엉뚱한 비유 같으나 사실은 '대가' 다운 글 솜씨가 엿보이는 문장이다. 양치기나 가축 거래상이 양이나 소를 자기가 모두 잡아먹는 게 아니듯, 책을 다 읽지 않고 '책 그 자체' 를 즐기는 독자도 책을 일일이 완전히 소비하지 않는다는 유추가 성립하기 때문이다.

여기에 힘입어 마지막 문장은 논지를 좀 더 분명히 내세운다. "책을 꼭 다 읽는 게 중요한 게 아니라 많은 책을 곁에 두고 자유롭게 이따금 읽는 것이 좋은 독자의 자세이다" 라는 것이 이 문단의 논지이다. 이를 보다 간략히 정리하면 '독자의 자세는 부담 없이 책을 즐기는 것이다' 정도가 될 것이다. 또한 마지막 문장은 여전히 문제가 되는 '안 읽은 부분' 을 마치 귀여운 나비가 날아다니는 연상을 불러일으키는 비유인 "flutter"를 사용해서 비유로 마감하며, 책을 다 안 읽은 독자의 '죄책감' 을 덜어주는 기교를 과시하고 있다.

B

19세기 워싱턴으로의 여행

Charles Dickens

【소개】

19세기 영국을 대표하는 소설가 찰스 디킨즈(Charles Dickens, 1812~1870)는 이 책의 필자가 박사논문에서 연구한 사람이니 남다른 인연이 있는 작가이다. 하지만 그런 연유로 이렇게 앞자리에 등장한 것만은 아니다. 디킨즈는 소설가이자 저널리스트로서 순전히 자신의 글재주로 돈과 명예를 거머쥔 사람답게 산문의 달인이기도 하다. 그의 소설에서 어느 한 대목을 발췌할 수도 있었겠으나, 여기에 소개하는 여행기도 재기발랄한 그의 소설의 문체를 느낄 수 있게 해주기에 충분하다.

희극소설 『피크윅 문서』(*Pickwick Papers*)로 젊은 나이에 일약 베스트셀러 작가가 된 디킨즈는 영국은 물론 대서양 건너 미국에도 열렬한 팬들이 넘쳐났다. 이러한 배경에서 미국 순회강연 겸 여행을 하기 위해 미국 땅을 밟은 디킨즈는 그 여행담을 『미국여행 메모』(*American Notes*)로 출판했다. 당시 개국한지 한 60여년 밖에 안됐던 신생 공화국 미국에 대한 디킨즈의 묘사는 미국인들로서는 별로 달가울 게 없었다. 디킨즈 특유의 풍자와 유머가 넘쳐나는 '불경스런' 그림들이었으니 미국인들의 애국심과 자격지심(이 둘은 원래 동전의 양면과도 같은 것이니)에 심각한 손상을 입혔던 것이다. 그러나 우리와 같은 제 3자가 읽기에는 아무런 문제가 없을 것이다. 발췌된 대목은 신생 공화국의 수도 워싱턴(Washington, D.C.) 방문기에서 디킨즈가 묵었던 호텔 풍경으로, 노예제도를 시행하던 남부 매릴랜드와 버지니아주 사이에 있던 지역이라 여관에 노예가 등장하는 것이 특이해 보일 수는 있다.

텍스트는 전형적인 '사실전달' 문단의 형태를 띠고 있다. 그러나 제시하는 디테일들은 모두 특정 '논지'를 함축하고 있다. 이러한 '작전'을 감지하는 독해를 해보길 권한다.

【텍스트】

The hotel in which we live, is a long row of small houses fronting on the street, and opening at the back upon a common yard, in which hangs a great triangle. Whenever a servant is wanted, somebody beats on this triangle from one stroke up to seven, according to the number of the houses in which his presence is required; and as all the servants are always being wanted, and none of them ever come, this enlivening engine is in full performance the whole day through. Clothes are drying in the same yard; female slaves, with cotton handkerchiefs twisted round their heads, are running to and fro on the hotel business; black waiters cross and recross with dishes in their hands; two great dogs are playing upon a mound of loose bricks in the center of the little square; a pig is turning up his stomach to the sun, and grunting "that's comfortable!" and neither the men, nor the women, nor the dogs, nor the pig, nor any created creature, takes the smallest notice of the triangle, which is tingling madly all the time.

어휘

* fronting on 정면이 닿아있다 * this enlivening engine 활기찬 기계 (여기서는 트라이앵글을 지칭함) * to and fro 왔다갔다, 우왕좌왕 * grunting (돼지가) 꿀꿀거리다 * takes the smallest notice (부정의 의미) 전혀 주의를 기울이지 않다 * tingling (금속성 소리가) 귀를 울려서 (신경을 거스르다)

【분석】

이 글의 논제는 첫 문장의 주어에 명시돼 있다. 하지만 그 문장의 술부를 논지로 삼을 수는 없다. 오히려 첫 문장 전체를 논제라고, 특히 트라이앵글이 걸려 있는 안뜰의 풍경이 논제라고 할 수 있다. 따라 첫 문장에 이어진 질문은,

> 트라이앵글? 그건 뭐에 쓰는 건데?

일 것이다. 두 번째 문장은 여기에 대한 대답을 담고 있다. 여기에 이어지는 질문은,

> 그거 웃기는 친구들이군. 그런데, 안뜰에 또 그밖에 뭐가 있지?

정도가 될 것이다. 이에 셋 째 문장은 병열적인 나열을 하기 위해 세미콜론(; semicolon)을 사용하며 네 개의 절을 붙여놓으므로, 안뜰의 다양한 풍경을 파노라마식으로 쭉 둘러보며 묘사해준다. (두 번째 문장의 세미콜론은 '대조'의 의미로, '트라이앵글을 치지만' 정도의 의미를 유도한다).

그런데 이렇게 다채롭게 그림을 펼쳐놓다 보면 문단의 중심이 흐트러질 위험에 처하게 된다. 그래서 네 번째 절의 "and neither the men, nor the women" 이하 부분에

서는 독자의 흥미를 불러낸 문제의 트라이앵글로 다시 돌아가서 문단을 마무리한다. 따라서 이 문단의 논제는 '작가가 묵었던 워싱턴의 모 호텔의 안뜰, 특히 트라이앵글'이라고 할 수 있다. 그렇다면 함축된 논지는? '작가가 묵었던 … 트라이앵글은 이 호텔 및 나아가 당시 미국의 어수선함과 비효율성의 상징이다' 정도로 정리할 수 있다.

C
인간 기계에게 필요한 연료
C. S. Lewis

【소개】

세 번째 글은 옥스포드(Oxford) 대학교의 영문학자이자 작가인 C. S. 루이스(Lewis, 1898~1963)가 기독교적인 인간관을 쉽게 설명한 글이다. 명확한 논리와 쉬운 비유를 사용하고 있는 글이라 이해하기 어렵지는 않을 것이다. 하지만 당장 반론이 예상된다. '난 기독교에 반대하오! 특히 요즘처럼 기독교인들이 대한민국의 기득권층이 된 시대에는!' 어디 반론은 이 뿐이겠나. '신이 있다고? 그렇다면 왜 세상이 이 모양이요?' 이런 반론을 루이스가 모를 리 없다. 아니 애초에 이 글이 나오는 책은 이러한 반론을 염두에 둔 기독교 옹호론이다. 이런 성격의 글이기에, 앞의 Part I에서 설명한 문단의 논쟁적인 구조를 예시하기에 적합하다. 글쓴이의 주장에 동의하건 안 하건, 그건 개별 독자의 몫이다. 여기서는 종교라는 가장 오래된 논쟁거리를 다루는 문단을 통해 문단이 어떻게 만들어지는지를 예시하려 한 것일 뿐이다.

【텍스트】

What Satan put into the heads of our remote ancestors was the idea that they could 'be like gods'–could set up on their own as if they had created themselves–be their own masters–invent some sort of happiness for themselves outside God, apart from God. And out of that hopeless attempt has come nearly all that we call human history–money, poverty, ambition, war, prostitution, classes, empires, slavery–the long terrible story of man trying to find something other than God which will make him happy. It can never succeed, and the reason is this. God made us: invented us as a man invents an engine. A car is made to run on petrol, and it would not run properly on anything else. Now God designed the human machine to run on Himself. He Himself is the fuel our spirits were designed to burn, or the food our spirits were designed to feed on. There is no other. That is why it is just no good asking God to make us happy in our own way without bothering about religion. (원문 일부 편집)

어휘

our remote ancestors, 인류의 먼 조상, 즉 「창세기」에 나오는 최초의 인간 아담과 이브; set up (사업 등을) 설립하다, 출범하다; Now God designed ... 이때 "Now"는 '지금'이 아니라 '그런데'; petrol 휘발유 (영국식 표현) * He Himself (기독교적 용법에서) 성부나 성자를 지칭할 때 대문자를 사용함 * just no good 이때 "just"는 '도무지' 정도의 강조적인 의미.

【분석】

앞서 살펴본 두 텍스트와는 달리 이 텍스트의 첫 문장에서 논제가 쉽게 드러나지는 않는다. 일단 주어에 자리에 "What …"의 절이 들어가 있고 술부의 "the idea …" 설명이 "be like gods" 이후에 대시(–)로 부연 설명되며 내용이 늘어나고 있다. 이런 문장은 그 내부에 '대화적 구도'를 함축하고 있는 셈이다. 따라서 다음 문장,

What Satan put into the heads of our remote ancestors was the idea that they could 'be like gods' – could set up on their own as if they had created themselves – be their own masters – invent some sort of happiness for themselves outside God, apart from God.

을 구성하는 주장들을 하나씩 분리해서 이를 대화로 표현해 보자.

(1) Lewis: 사탄이 인류의 조상들 머릿속에 하나의 관념을 집어 넣었는데,
독 자: 어떤 관념 말인가?
(2) Lewis: 이 관념은 인간이 하느님처럼 될 수 있다는 생각인데,
독 자: 어떤 의미에서?
(3) Lewis: 말하자면 인간이 스스로를 창조했다는 생각이지.
독 자: 인간이 자신의 주인이라는 뜻?
(4) Lewis: 그렇지, 인간이 자신의 주인이라는 것이지.
독 자: 좀 더 구체적으로, 어떤 면에서 주인이란 말이지?
(5) Lewis: 창조주와 상관없이 행복할 수 있다는 뜻에서.

이렇듯 첫 문장은 비교적 별 저항 없이 대화가 이루어진 모습을 한 문장 안으로 구성해 놓았다. 만약 그렇지 않은 상황을 전제로 했다면? (1)번 주장부터 제동이 걸릴 것이며, 이럴 경우 첫 문장은 이 전제를 입증하는데 사용해야지

지금과 같은 형태가 될 수는 없을 것이다. 말하자면, '창세기에 나오는 아담과 이브의 타락 이야기, 특히 인간을 유혹한 사탄의 이야기는 진실이다'가 될 것이다. 하지만 이렇게 운을 뗐다면, 이것이 문단의 논지가 되므로, 이것을 확립하는 것이 문단의 의무가 된다.

그런데 루이스가 만들어놓은 문단의 구도에서는 인간의 잘못된 생각을 하느님이 아닌 사탄이 집어넣은 것이라는 전제, 이 전제를 받아들이지 않으면 나머지는 성립할 수 없다. 따라서 저자는 이 문단을 선행하는 대목에서 이런 전제를 어느 정도 입증했다고 생각한 것이다.

두 번째 문장은 이러한 전제에 의거해서, 사탄이 주입시킨 잘못된 관념에 의거해 인류의 역사가 전개되었다는 주장을 펼친다. 이때 반론의 여지를 의식한 "nearly all that we call", 즉 예외도 있을 수 있음을 인정하는 표현을 사용했으나, 인간 역사의 내용을 수평적으로 나열하여 인간 역사의 암울한 풍경을 그려주었다(마치 위의 디킨즈의 글이 여관 안뜰을 묘사하듯).

그렇다면 이것이 이 글의 논지인가? 사탄의 유혹으로 인한 타락에서부터 인간역사는 시작되었다? 그러나 이 단계에서도 반론의 여지도 여전히 남아있다.

돈, 빈곤, 야망, 전쟁, 매춘, 계급, 제국, 노예제도 등이 인간의 역사라고? 그것들을 동등하게 나열할 문제인가? '전쟁' 다음에 왜 '매춘'이 나오지? '계급, 제국, 노예제도'? 계급/계층 차별이 제국으로 이어지고 그것이 노예제도를 낳았다? 노예제도는 고대 사회 문제 아닌가?

이런 일련의 반문을 잠재우기 위해 (또는 피하기 위해) 이어서 인간 역사를 "the long terrible story … him happy"로 요약하였고, 다시금 이 글의 논제가 '하느님을 제외한 인간의 행복'임을 부각시킨다. 그리고 셋째 문장에서 두 번째 문장에서 사용한 "hopeless", "terrible" 등에 암시된 논지를 전면에 부각시킨다. 즉, '이런 시도는 가망이 없다'는 것이 이 문단의 논지임이 드러났다.

그렇다면 '그런 시도는 절망적이다'는 논지를 글쓴이는 어떻게 확립하려 하는가. 의외로 비유를 동원한다. '인간이 기계를 발명하듯 창조주가 우리를 발명한 방식 때문'이라는 것. 이때도 역시 전제인 "God made us"를 받아들였다는 가정을 하고 있다. 이런 전제를 받아들일 때 이 비유의 자체 논리는 순조롭게 진행된다. 기계를 만든 사람이 만든 의도대로 기계는 굴러가듯, 인간이란 '기계'도 마찬가지이다. 이러한 논리적인 구속력을 극대화하기 위해 "God made us" 절에다 콜론(: colon)을 붙여놓았다. 이렇게 콜론을 사용하면 이어지는 절이나 구는 앞부분의 의미를 부연한다는 표시가 된다. 여기에서 일종의 소규모 'Q&A'가 진행된 셈이다. 즉, 독자가 제기할

> 우리를 만들었다고? 어떤 의미에서? 그래서?

란 반론에 즉각 콜론 이하에서 대답하는 형태이다. 이에

> 바로 인간이 기계를 설계하듯, 그런 의미에서

라는 대답이 나왔다. 이 비유는 물론 「창세기」나 『구약성서』 시대에서 나온 비유가 아니다. 바로 20세기 기계문명을 사는 시대를 대변하는 비유로, 독자가 이해하기 쉽게 신학적 개념을 구체화해주었다.

다시 강조할 점은 이 문단은 이런 기계의 비유를 받아들이려면 '신의 창조'란 전제를 먼저 채택해야 한다는 사실이다. 아니면 그것은 그야말로 '흥미로운 비유'는 될지 몰라도 설득의 방편은 될 수 없다. 이렇듯 결정적인 전제를 '가정' 내지는 '강요'하고 있기에 이 글은 논리적으로는 허점이 있다. 하지만 전제를 받아들이고 나면, 그 내부에서는 상당히 명료한 논리성을 띤다. 그 논리에 의하면, '사탄

이 심어준 잘못 된 생각' 때문에 인류 역사는 실패와 좌절의 역사이고, 인간이란 원래 창조주로부터 '연료'를 공급받아야 행복할 수 있도록 만들어진 '기계'이니 논지는 명확히 제시된 셈이 된다.

D

알아서 사는 생존 기계

Richard Dawkins

【소개】

자, 이번에는 바로 앞에 등장한 C. S. 루이스와 정반대 입장에 서 있는 리처드 도킨스(Richard Dawkins, 1941~)의 글을 살펴보자. 도킨스는 진화생물학자로서 창조론에 반대하는 무신론자이다. 그는 오히려 신과 종교가 인간에게 해악을 입힌다는 생각을 하는 사람으로, 이런 주장을 『만들어진 신』(*The God Delusion*)에 담아놓기도 했다. 그런데 C. S. 루이스와 도킨스의 공통점도 없지 않다. 일단 둘 다 ('학번'은 크게 차이 나지만) 옥스포드 대학 출신으로 거기에서 밥벌이를 한 교수들이다. 보다 더 중요한 유사점은 둘 다 자신이 알고 있고 믿고 있는 바를 대중들에게 쉽게 설파하는 데 많은 노력을 기울인 저술가들로서, 상당한 독자층을 확보한 지식인이었다는 것이다.

그렇다면 대중을 설득하기에 가장 적절한 '작전'은? 가장 손쉬운 작전은 눈에 쉽게 들어오는 비유를 사용하는 것이다. 도킨스도 대학교 대선배 루이스와 마찬가지로, 자신의 논리를 피기 위해 기계의 비유를 동원하고 있다. 영문학자가 신학적인 문제를 설명한다면 몰라도, 자연과학자가 비유를 사용한다? 사실은 도킨스가 추종하는 진화생물학 이론에서 '진화'(evolution)나 '선택'(selection) 같은 핵심 개념 그 자체가 비유이다. 각기 이 말들이 갖고 들어오는 연상과 효과들이 있기 때문이다. 원래 'evolution'이란 미리 정해진 계획대로 어떤 일이 펼쳐지는 합리성과 계획성의 의미를 함축한다. '선택'이란 말은 더욱 더 합리적이고 의도적인 의미를 함축한다. 선택의 주체를 가정하기 때문이다. 그런데 진화생물학에서는 이 선택의 주체가 고도의 지능을 가진 인간이 아니라 미생물이나 심지어 유전자인 경우가 많으니, 하나의 비유적인 표현으로 사용되고 있는 셈이다. 게다가 아래 텍스트에서는 "natural selection"이 주어가 되는 문장이 등장한다. 이는 노골적인 의인법을 사용한 셈이다. '자연의 선택' 자체가 선택의 주체가 되어 '선택이 선택했다'는 명제이니 논리적으로는 동어반복이기도 하다. 아무튼 인간을 하느님이 설계한 자동차에 비유했던 루이스에게서 한걸음 더 나아가 도킨스는 인간을 '생존기계'(survival machines)에 비유하며 그 기계의 부속품들의 일면을 설명해주고 있다.

【텍스트】

The main way in which brains actually contribute to the success of survival machines is by controlling and coordinating the contractions of muscles. To do this they need cables leading to the muscles, and these are called motor nerves. But this leads to efficient preservation of genes only if the timing of muscle contractions bears some relation to the timing of events in the outside world. It is important to contract the jaw muscles only when the jaws contain something worth biting, and to contract the leg muscles in running patterns only when there is something worth running towards or away from. For this reason, natural selection favoured animals which became equipped with sense organs, devices which translate patterns of physical events in the outside world into the pulse code of the neurones. The brain is connected to the sense organs – eyes, ears, taste-buds, etc. – by means of cables called sensory nerves. The workings of the sensory systems are particularly baffling, because they can achieve far more sophisticated feats of pattern-recognition than the best and most expensive man-made machines; if this were not so, all typists would be redundant, superseded by speech-recognition machines, or machines for reading handwriting. Human typists will be needed for many decades yet.

어휘

∗ contractions (근육의) 수축 ∗ motor nerves 운동신경 ∗ pulse 맥박 ∗ neurone 뉴론, 신경 단위 ∗ taste-buds 혀의 미각기관 ∗ baffling (이해하거나 감당하기에 너무 벅차서) 당혹스러운 ∗ sophisticated 섬세하고 복잡한 ∗ feat 업적, 재주 ∗ if this were not so 만약 그렇지 않았다면

【분석】

이 글의 논제는 첫 문장 안에 들어 있으나 명백히 부각되지는 않았다. 주어의 자리를 차지한 "The main … survival machines"이나 술어의 자리에 들어간 "by controlling … muscles"에도 너무 많은 단어와 구들이 들어가 있으니 어떤 것이 중심 논제인지 그 자체로는 파악할 수 없다. 문단의 첫 문장이 '주제문'(topic sentence)이라는 일부 참고서들의 가르침을 잊어버려야 할 이유가 바로 여기에 있다. '주제문'의 위치나 존재 여부는 문단마

다 다르고 상황마다 다르다. '주제문'이 없고 중심적인 주장이 함축되어 있을 뿐 분명히 선언되지 않는 경우도 비일비재하다.

결국 어떻게 읽어가야 할까? 모르면 질문을 던지는 게 상책이다. 첫 문장을 읽고 제기되는 당연한 질문은,

> 잠깐, 그래서 뭐가 이 문단의 논제요? 두뇌? 근육? 생존 기계?

이다. 그런데 두 번째 문장에서는 이 중에서 '생존 기계'는 사라져 버렸으니 남은 후보는 둘이다.

> 그렇다면 이것은 두뇌나 근육에 대한 글인가? 두뇌와 근육, 어떤 쪽이 논제이지?

둘째 문장까지 읽고 던질법한 질문이다. 이어지는 셋째, 넷째 문장은 '근육' 쪽에 무게를 두는 듯한 모양새를 보인다. 근육의 운동과 관련된 질문에 주로 대답하고 있기 때문이다. 그런데 문단 중간 지점에 이르러

> For this reason, natural selection favoured ...

에서는 지금까지 누적된 사실설명을 또 다른 주장의 근거로 삼을 뿐이니, 필경 근육 운동을 설명하는 그 자체가 논점은 아닐 것이다. 그렇다면 제기될 질문은

자연의 선택? 이것이 논제인가? 그건 또 무엇인지?

인데, 이어지는 문장은 다시 '두뇌'를 주어로 택하고 있으니 '자연의 선택'이 논제는 아닌 모양이다. 그렇다면 '두뇌'? 그 다음 문장에서는 "sensory systems"이 주제이니, 두뇌는 후보 자격을 상실했다.

결국 이 문단의 논제 및 논지는 무엇인가? 근육 운동, 두뇌, 신경, 감각체계, 이 모든 것을 포괄하는 그 무엇이어야 할 것이다. 그 '무엇'에 가장 근접한 후보는 첫 문장에 등장했던 '생존 기계'(survival machines)이다. '생존 기계'로서 인간의 신체구조가 인간이 만든 기계보다 훨씬 더 정교하다는 것, 이것이 이 문단이 예시하고자 하는 논지이다. 그러한 예시를 비전문가들에게 해주기 위해 애초에 논제를 명명하는 단계부터 비유를 사용해서 표현했고, 인간의 신체구조를 설명하며 "cable", "systems", "equipped" 등의 기계공학적 표현을 빌려 썼다.

이제 논제임이 판명 난 '생존 기계'에 대한 논지를 이해

할 차례이다. 생존기계의 목적은 "efficient preservation of genes"이며, 이러한 목적에 따른 작동이 "natural selection"이다. 그런데 「소개」 부분에서도 밝혔듯이 이러한 추상적 개념을 의인화 하면서, 자연 현상이 자체의 '의지'와 '지혜'에 따라 가장 현명한 방향으로 진화, 발전했다는 주장을 펼친다. 바로 이런 함축된 입장을 전달하는 게 이 글의 의도이다. 말하자면

생존기계는 현명하다.

는 것이 이 글의 논지이다.

만약 이러한 비유의 장치를 걷어낸다면? 거기에 인격적인 주체를 주어로 앉혀놓을 수밖에 없다. 말하자면 인간의 신체 구조를 이런 식으로 설계한 제조자, '생존기계'로서 '인간기계'를 만든 창조주를 상정해야 한다. 하지만 진화론자이자 무신론자인 도킨스는 이것만은 절대로 피하고자 한다. 따라서 추상적 개념이 의인화되는 비유("natural selection favoured …")가 불가피하게 동원된 것이다.

물론, 이 글에 함축된 논제와 논지, 논리적인 구조를 논외로 하고 순전히 내용 전개에 대한 질문만을 던지며 읽어갈 수도 있다. 말하자면, "For this reason …" 문장까지

'그래요? 그렇군요!' 하는 협조적인 반응으로 따라가며 정보를 받아들일 수 있을 것이다. 하지만 중간 부분 "For this reason …"에서 역시 문제가 발생한다. '잠깐! 이건 또 무슨 얘기지?' 이런 반응이 불가피하다. 그러나 문단은 이 질문에 대답하는 대신 다시 또 두뇌와 신경계 이야기를 전개하니, 여기에 대해서도 나름대로 '그래요? 그렇군요!'로 반응하며 정보를 받아들일 수 있다. 그러다가 사람이 만든 기계로 넘어가며 "if this were not so …" 이하에서는 엉뚱하게 타이피스트가 거론된다. 결국 다시금, '도대체 당신의 논제와 논지가 뭐요?'를 묻지 않을 수 없는 것이다.

반면에 논제와 논지를 제대로 파악했다면 뒷부분은 '생존기계는 현명하다'는 논지를 강조하기 위해 인간이 만든 기계와 비교해주고 있고 '생존기계'의 대표로서 타이피스트를 거론했음을 간파했을 것이다. (아마도 이 대목에서 자기 원고를 정리해주는 타이피스트에게 참 고맙다는 생각이 '도킨스'란 이름을 부여받은 생존기계에게 생겨났던 모양이다.)

E

박물관의 진실

John Berger

【소개】

존 버거(John Berger, 1926~)는 20세기 후반 영국에서 활약한 작가이자 미술평론가로서, 주류 미술계를 대변하는 목소리와는 사뭇 다른 특이하고도 '삐딱한' 시각을 갖고 있다. 그러한 목소리가 갖는 신선한 매력에 끌리는 독자층을 제법 광범위하게 갖고 있는 '재야 비평가' 버거가 1972년에 영국 공영방송 BBC 텔레비전과 함께 시각매체 및 예술에 대한 새로운 '비판적 독해법'을 소개한 다큐멘터리 시리즈 "Ways of Seeing"('보는 방법')을 제작했다. 영문독해 이후 이 시리즈가 TV에 나왔던 그림 및 이미지와 함께 단행본으로 출간되었다. 이 책은 전문가와 비전문가 할 것 없이 많은 사람들의 주목을 받았다. 발췌된 글은 이 책의 한 대목으로, 방송 내레이션 원고를 수정하여 에세이로 만든 글이다.

박물관이나 갤러리에 전시된 작품들은 그 자체로 '고급미술'이 되는가? 소위 고급미술은 무조건 멋진 '예술'인가? 멋진 '예술'은 무조건 감탄과 숭배의 대상이어야 하는가? 미술계를 주도하고 가능한 한 미술작품의 가치를 올려놓는 데 관심이 많은 주류 미술평론가들은 이런 질문을 던지지 않는다. 하지만 버거가 보기에 이러한 물음은 당연히 던져야 한다. 그러한 물음을 던질 때 드러나는 박물관의 진실은 무엇인가. 이어지는 텍스트에서 그 답을 들어보자.

【텍스트】

[1] Visitors to art museums are often overwhelmed by the number of works on display, and by what they take to be their own culpable inability to concentrate on more than a few of these works. In fact, such a reaction is altogether reasonable. Art history has totally failed to come to terms with the problem of the relationship between the outstanding work and the average work of the European tradition. The notion of Genius is not in itself an adequate answer. Consequently, the confusion remains on the

walls of the galleries. Third-rate works surround an outstanding work without any recognition – let alone explanation – of what fundamentally differentiates them.

[2] The art of any culture will show a wide differential of talent. But in no other culture is the difference between "masterpiece" and average work so large as in the tradition of the oil painting. In this tradition the difference is not just a question of skill or imagination, but also of morale. The average work – and increasingly after the seventeenth century – was a work produced more or less cynically: that is to say the values it was nominally expressing were less meaningful to the painter than the finishing of the commission or the selling of his product. Hack work is not the result of either clumsiness or provincialism; it is the result of the market making more insistent demands than the art. The period of the oil painting corresponds with the rise of the open art market. And it is in this contradiction between art and market that the explanations must be sought for what amounts to the contrast, the antagonism existing between the exceptional work and the average.

어휘

* overwhelmed by 압도당하다 * on display 전시되고 있는 * what they take to be X 이들이 스스로 X라고 생각하는 * culpable inability 하지 못해서 죄책감을 느끼는 * come to terms with 해명하다 * outstanding 빼어난, 예외적인 * the European tradition 유럽의 고전 미술, 유럽 미술사 * let alone 고사하고, 차치하고 * "masterpiece" 걸작 (인용부호를 붙인 것은 '소위'의 의미를 전달하기 위한 것임) * morale 사기 * that is to say 다시 말해서 * nominally 명목상으로, 표면적으로 * hack work 돈벌이를 위해 하는 낮은 수준의 창작 * sought 동사 'seek'의 과거형, '찾다' * what amounts to 해당되는 바, 할 수 있는 바 * antagonism 적대관계, 적대적 대립.

【분석】

이 글은 두 문단을 모두 수록했다. 첫 문단에서 제기한 '물음'에 대해 둘째 문단이 '답변'을 해주는 구도로서, 둘이 밀접한 연관성을 갖기 때문이다.

먼저, 문단[1]의 논제는 무엇일까? '미술관에 전시된 그림'이라고 할 수 있다. 그렇다면 이 논제에 대한 논지는? '미술관에 전시된 그림들이 너무 많다'? 첫 문장의 앞부분만 보면 이런 생각을 할 수 있을지 몰라도 이 문장을 계속 읽어 가면 '그 많은 그림 중 몇 개에만 집중할 수밖에 없는 현실' 을 지적하고 있으니 단순히 양의 문제는 아닌 것 같다. 그러면 후자의 문제는 관람객의 책임인가? 꼭 그렇지 않다는 것을 "what they take to be"가 함축한다. '그것은 그렇게 생각하는 것일 뿐이다' 라는 의미가 여기에 담겨 있는 까닭이다. 이를 두 번째 문장에서는 전면에 내세우고 있다.

In fact, such a reaction is altogether reasonable.

그런데 이렇듯 '그건 관람객 탓이 아니라 당연한 것' 이라고 했으니 본격적인 반론이 제기될 만하다.

그래? 그럼 그게 누구 탓이란 말이지?

이 질문에 대해 이어진 문장은 전문가들, 서양 미술사에 그 책임을 돌린다. 당연히 눈에 띄는 작품 간의 차이를 제대로 설명하지 않고 무조건 전시품의 숫자만 늘려놓는 무책임함을 탓하는 것이다. 여기에 대해 미술관 쪽의 변명이 없을 수 없다.

좋은 작품이 눈에 띄는 것은 거기에 '천재성' 이 표현 돼 있기 때문이다.

거기에 대해 버거는 부분적으로는 이런 답변의 타당성을 인정하지만 “not in itself”, 즉, 그것만으로는 대답이 될 수 없다고 주장했다. 여기에서 한 문장 정도 더 첨가해서 왜 천재성만으로는 대답이 될 수 없는지를 설명하는 게 순서이겠으나 저자는 그 단계를 무시했다. 너무 당연해서? 그렇지는 않다. 분명히 설명할 여지가 있는 주장이지만, 이 설명을 이어지는 문단[2]에서 전개하기 위해 여기에서는 그 자리를 비워둔 채 일부러 독자의 궁금증을 자극해 놓았다.

대신 문단[1]의 마무리는 그 논지를 확실히 표현해 주는 쪽으로 방향을 잡았다.

> 주체 측의 잘못으로, 별 해명도 없이, 삼류작품들이 걸작과 나란히 걸려 있다

는 주장을 두 문장이 이어서 전개하고 있다. 따라서 문단[1]의 논지는 논제 ‘미술관에 전시된 그림들’에 대해 ‘그 그림들의 수준 차이가 적지 않다’는 정도가 될 것이다.

문단[1]의 논지는 그렇게 성립됐다고 해도 이때 대답하지 않은 반론은 여전히 남아 있다. 즉,

> The notion of Genius is not in itself an adequate answer

에 이어지는 반론이 문제이다.

> 어떤 면에서? 그렇다면 적절한 대답은 무엇인지?

이 질문에 대한 대답은 문단[2]의 몫이 되었다. 문단[2]의 첫 두 문장은 한 묶음으로 볼 수 있다. 시작은 '양보적'인 자세이다. 문단[1]의 논지에 대한 반론이 제기될 수 있기 때문이다.

> 그런 수준 차이? 그거야 예술에서는 당연히 있는 것 아니요?

참으로 타당한 반론이기에 첫 문장에서 이를 수긍한 후, 다시 역으로 되받아서 서구미술 전체가 아니라 유화의 전통에 국한하여 반론의 여지를 줄이면서 유화의 경우 특히 그런 편차가 심하다는 쪽으로 문단[1]의 논지를 조정했다.

> But in no other culture is the difference ... so large as in ··· the oil painting.

그리고는 이어서 셋째 문장에서 이런 연유를 설명하기 시작했다. 따라서 이 문단의 논제는 '유화의 경우 작품 간의 편차' 라고 할 수 있다.

방금 셋째 문장에서 거론한 '사기' (morale)가 무슨 말인지, 여기에 대한 해명이 그 다음 과제이다. 그 해명은 두 단계로 진행된다. 첫째 단계에서는 "cynically"라는 다소 애매한 표현을 먼저 써서,

> The average work … was a work produced more or less cynically

라고 규정한 후, 콜론에 이어진 부분에서는 이를 풀어서 설명해준다.

> : that is … less meaningful to the painter than ... the selling of his product.

말하자면 3류 작품은 돈 때문에 그린 작품들이라는 '객관적 상황' 의 문제를 들춰내고 있다.

그렇다면 왜 화가들이 그림의 판매나 주문에 그토록 신경을 써야 했나? 예술가들은 원래 고고해야 하는 것 아닌가?

이러한 반론이 당연히 나올 수 있기에 이어지는 문장들에서는 이것이 '시장'의 책임임을 다시 분명히 했다. 시장의 압력 때문에 저급한 그림을 그린 것은 유화의 시대가 미술 시장의 형성과 일치하기 때문이다.

자, 그렇다면 이제 문단[2]의 논제인 '유화의 경우 작품 간의 편차'에 대한 논지가 다 드러난 셈이다. '이러한 편차는 시장논리로 인한 예술성과 상품성의 충돌 때문이다'. 이것이 문단 [2]의 논지이다. 그런데 마지막 문장에서는 유화란 표현을 쓰지 않고 대신 "the exceptional work and the average"로 일반화한 표현을 썼다. 이렇게 하므로, 문단[1]의 논지, 즉 '미술관에 걸려 있는 작품들 간에 큰 편차가 있다'로 돌아가서, 문단[1]이 제기하는 물음, 즉 '그렇다면 왜?'에 대한 답변을 제시하므로, 텍스트 전체를 마무리해주었다.

F

늘어나는 이익, 줄어드는 일자리

Karl Marx

【소개】

공산주의 사상의 원조로 경계대상 1호인 칼 마르크스(Karl Marx, 1818~1883)가 영어독해 책에 등장하다니! 이렇게 놀라는 독자가 있을 법하지만, 그럴 만한 자격이 충분히 있다. 마르크스는 유태계 독일인으로 유럽에서 반정부 운동을 하다 여의치 않자 영국으로 망명해서 런던 한 구석에서 30세부터 살다가 이 도시에서 죽어서 오늘날까지 런던에 뼈가 묻혀 있는 '런던 사람'이다. 『영문독해 Classic』에서 마르크스가 등장한 자격으로는 이러한 '영국과의 인연'을 일단 제시할 수 있다. 하지만 모든 "classic"이 그렇듯이, 19세기 중반에 쓴 마르크스의 글은 21세기 초에도 여전히 새롭게 읽힐 수 있다는 것이 마르크스가 이 책에 등장한 더 큰 이유이다.

사유재산과 자본주의를 넘어서는 평등하고 정의로운 사회를 꿈꿔온 사람들은 사유재산 제도가 정착된 고대 사회에서부터 오늘날까지 늘 있었다. 그러나 그러한 취지에서 자본주의를 면밀하고 세밀히 분석하고 고찰한 사람은 그렇게 많지는 않다. 반면에 자본주의 경제를 열심히 공부하는 경제학자들이 자본주의를 극복하고 폐기할 궁리를 하는 경우는 더욱 더 드물다. 바로 이 점에서 마르크스의 '가치'를 찾을 수 있다.

하지만 사회주의는 이미 실패하지 않았나? 물론 실패했다. 그런데 흔히 '공산주의'나 '사회주의'를 표방한 체제들이 마르크스의 '가르침'을 사실상 실행에 옮긴 바는 거의 없다고 봐야 한다. 애초에 무슨 '가르침'이라 할 것도 별로 없으니 말이다. 마르크스의 글은 대부분이 비판적인 분석이지 '사회주의 체제'를 만드는 교본은 남겨준 바 없다. 자본주의 내지는 시장경제 내지는 그냥 '경제'('경제'라 하면 의당 '시장경제 = 자본주의'라고 생각하게 된 시대이니)의 온갖 문제들이 피부에 와 닿는 이 시대에 마르크스에게서 들을 이야기는 여전히 많이 있다. 가령, 왜 삼성 같은 재벌들은 엄청난 이익을 매년 내지만 일자리는 자꾸 줄어들까? 왜 무역은 늘어나고 경제는 성장해도 보통 월급

쟁이들의 삶은 점점 더 어려워만 지나? 이런 질문에 대해 흔히 언론이나 경제학자들이 주는 대답은 언제나 한결같다. "취직이 안 된다고? 봉급이 안 오른다고? 당연하지! 아직 성장이 덜 돼서, 무역이 덜 늘어나서 그래. 성장률이 1~2% 더 늘어나면 다 해결돼."

과연 그럴까? 아래 텍스트를 읽어본 후에도 귀 아프게 들어온 이런 공식적 대답을 받아들일 수 있을까?

【텍스트】

With the development of the productive powers of labour the accumulation of capital will be accelerated, even despite a relatively high rate of wages. But simultaneously with the progress of accumulation there takes place a progressive change in the composition of capital. That part of the aggregate capital which consists of fixed capital, machinery, raw materials, means of production in all possible forms, progressively increases as compared with the other part of capital, which is laid out in wages or in the purchase of labour. If the proportion of these two elements of capital was originally one to one, it will, in the progress of industry, become five to one, and so forth. If of a total capital of 600, 300 is laid out in instruments, raw materials, and so forth, and 300 in wages, the total capital wants only to be doubled to create demand for 600 working men instead of for 300. But if of a capital of 600, 500 is laid out in machinery, materials, and so forth, and 100 only in wages, the same capital must increase from 600 to 3,600 in order to create a demand for 600 workmen instead of for 300. In the progress of industry the demand for labour keeps, therefore, no pace with the accumulation of capital. It will still increase, but increase in a constantly diminishing ratio as compared with the increase of capital. (원문일부 편집)

어휘

* simultaneously 동시에 * aggregate 총합, 모두 합친 * lay out 투자하다 * keep pace with 보조를 맞추다.

【분석】

이 지문은 어휘나 표현이 특별히 어려울 것은 없다. 애초에 노동자들도 이해할 수 있는 (노동자들은 이미 경험으로 익히 알고 있는?) 자본주의의 원리를 명료한 언어로 전달하려는 것이 마르크스의 의도이기 때문이다. 그래도 이 문단의 구성이 그렇게 간단하지만은 않다. 가령 첫째 문장에서 제시한 명제, 즉 '노동 생산성이 증가하면 임금이 높은 수준이라 해도 자본 축적이 진행된다'는 것이 이 문단의 논지라고 생각하면 이후 독해는 혼란스러워질 수밖에 없다. 흔히 인건비가 비싸서 '남는 것이 없다'는 사장님들의 주장을 반박하는 주장이니 마르크스의 이름에 걸맞은 비판적 명제라는 생각도 할 법하다. 그러나 당장 두 번째 문장이 "But"으로 시작하니 아마도 첫 번째 문장은 논지가 아니라는 생각을 하게 된다. 두 번째 문장이 그러면 논지인가? 그렇기도 하고 아니기도 하다. 자본의 "composition"의 구조가 점차 변한다는 것이 이하에서 규명하는 내용이기에 논지이기는 하나, 꼭 그러한 사실 자체에 저자가 관심이 있는 것은 아니기에 그렇지 않기도 하다. 자본의 구성이 변하는 것의 의미는 무엇보다도 그것이 노동자들에게 갖는 영향의 측면에서 중요하다. 이를 위해서 세 번째 문장은 새롭게 전제를 세우는 기능을 하니 본격적인 논지는 아직도 드러나지 않은 셈이다. 자본이 크게 두 가지 부분으로 나뉘어져 있다는 이 전제에 근거해서 이어지는 산술적 예시가 성립하고, 이 산술적 예시에 의해 저자가 주장하는 논지가 맨 마지막 두 문장에 담겨있다. 즉, 일차적으로는

In the progress of industry ... the accumulation of capital

에서 이 문단이 주장하는 바, 즉 논지를 밝혔다. 그러니 소

위 “topic sentence”가 문단 앞에 늘 나와야 한다는 속류 ‘독해비법’을 전면 반박하는 대표적인 문단인 셈이다.

마지막 문장은 논지를 표현한 문단에 대한 반론을 처리하는 역할을 하며 논지를 보호하고 있다. 즉,

> 전혀 노동에 투자한 자본이 안 늘어난다고? 장사가 잘 돼서 남는 게 많아도 일자리는 안 늘어나는 법이라고?

같은 질문을 예상하고 이에 대해,

> 늘어나기는 하나 그 비율이 점차 줄어든다

는 말로 바로 앞 문장의 의미를 보충하며 보다 명확히 해주고 있다.

G

우주의 무한성은 신의존재를 부인한다? Stephen Hawking

【소개】

영국의 물리학자 Stephen Hawking(1942~)은 전신을 마비시키는 루게릭병을 앓으면서도 이에 굴복하지 않은 입지전적 인물로서나 아니면 뛰어난 우주물리학자로서나 어떤 쪽으로건 세계적으로 유명한 명사이다. 극한적 장애를 극복한 인간 의지의 화신이자 우주의 원리를 풀어준 물리학자이니, 이렇듯 유명한 사람의 발언은 세간의 주목을 받을 수밖에 없다. 여기에 발췌한 발언은 그가 대중적으로 널리 알려지게 된 데 큰 기여를 한 교양서 『시간의 역사』(A Brief History of Time)의 한 대목이다. 이 책은 제목부터 도발적이며 엄청난 야심을 깔고 있다. 유한한 인간이,

100년도 채 살지 못하고 (게다가 성장기와 노년기를 빼고 사람 구실하며 사는 기간은 더욱 더 짧다) 100년을 산다 해도 호킹의 예가 보여주듯 온갖 질병에 시달리는 인간이 어떻게 '시간'의 '역사'를 논한단 말인가. 과학의 힘으로? 수학적 계산의 논리로? 이 책은 이러한 질문에 대해 명확한 대답을 제시하고 입증하는 면도 있으나, 반면에 엄밀한 증명에 의거해서만 발언해야 하는 과학자로서는 도를 넘는 도발적이며 야심적인 주장들을 거리낌 없이 담고 있다. 가령 인간의 유한성에 대한 반대 개념으로서 신의 무한성을 상정하고, 그러한 무한성을 신이 존재하는 근거로 생각해 온 서구 철학의 거의 2천 년간의 전통을 일거에 뒤집고자 하는 아래와 같은 대목이 전형적인 예이다. 우주는 무한하다. 고로 신은 없다. 이러한 논리가 만들어지는 과정을 아래에서 살펴보자.

【텍스트】

One could say: "The boundary condition of the universe is that it has no boundary." The universe would be completely self-contained and not affected by anything outside itself. It would neither be created nor destroyed. It would just BE. The idea that space and time may form a closed surface without boundary also has profound implications for the role of God in the affairs of the universe. With the success of scientific theories in describing events, most people have come to believe that God allows the universe to evolve according to a set of laws and does not intervene in the universe to break these laws. However, the laws do not tell us what the universe should have looked like when it started – it would still be up to God to wind up the clockwood and choose how to start it off. So long as the universe had a beginning, we could suppose it had a creator. But if the universe is really completely self-contained, having no boundaries or edge, it would have neither beginning nor end: it would simply be. What place, then, for a creator?

어휘

* boundary condition 경계조건 * implications 함축된 의미 * evolve 전개되다, 진화하다 * wind up (태엽 등을) 감다 * clockwood 시계태엽 * What place ...? 수사적 효과를 위해 'is'를 생략함(What place is there ...?)

【분석】

이 문단의 논리를 받쳐주는 전제는 첫 문장에 주어졌다. 우주는 경계선이 없다는 주장이다. 이것이 그렇다면 논지인가. 그러려면 이 논지를 입증하는 증거들을 제시해야 한다. 하지만 그러한 과학적 논증 대신에 이 전제에 근거한 신학적 논쟁을 전개하고자 하는 것이 저자의 의도이다. 문제는 이러한 신학적 논쟁이 만만치 않는 싸움이라는 것이다. 따라서 약점을 잡히지 않고 조심스럽게 작전을 펼칠 필요가 있다. 이런 연유로 첫 문장부터 조동사 "would"를 사용하여 진술의 강도를 조절하고 있다. 게다가 출처를 밝히지 않고 마치 (자신의 주장이) 남의 주장인 듯 직접 인용까지 하고 있다.

One could say: "The boundary ... has no boundary."

말하자면 이렇듯 중요한 전제가 하나의 가설일 뿐이지 절대적인 진리는 아님을 인정하고 들어가는 것이다. 그래서 문단의 대부분은 조동사를 달고 다니는 진술들로 이루어졌고, 마지막 문장에 가서야 조동사가 떨어졌다. 하지만 마지막 문장에서는 동사도 아울러 생략되었다.

What place, then, ______ for a creator?

의 비워둔 동사 자리에는 "is there"를 넣을 수도 있지만 조동사 "would there be"를 넣을 수도 있다. 그만큼 이 문장이 주장하는 바의 사실성은 불명확하다는 표시이다.

이렇듯 조동사 would의 그늘 하에서 전개되는 호킹의 논리는 그 경계선 안에서는 별 탈 없이 진행되고 있다. 우주가 경계선이 없다는 첫 문장 다음에 이어지는 세 문장은 이 전제를 부연하는 순차적 진행을 하고 있다. 말하자면 문장 사이에 끼어드는 질문은 “In what sense?” 정도일 것이다. 그래서 네 번째 문장에서는 ”be”를 대문자로 강조해 놓았다.

그러나 여기에 비약이 전혀 없는 것은 아니다. 경계선이 없다는 말이 꼭 외부요소의 영향을 절대적으로 배제하는 것인지(경계선의 부재라는 조건을 지탱하는 외부의 힘이 있을 수 있기에), 그것이 또한 창조나 파괴도 동시에 배제하는 것인지(창조는 가능하지만 파괴는 불가능할 수도 있기에), 논리적으로 분명한 연결고리는 만들어지지 않았다. 말하자면 자신의 속마음, 실제 논지를 어서 밝히려는 의도를 드러내주는 모양새라고 하겠다. 그 논지란 우주의 창조주가 개입할 여지를 배제하는 것이다.

이때 꼭 피할 수 없는 상대가 나타났다. 말하자면 근대 물리학의 원조 뉴튼(Newton) 이후로 면면히 이어지는 과학적인 창조주론이다.

창조주가 우주를 창조하며 부여한 법칙을 과학은 설명한다. 이러한 법칙이 있음을 볼 때 창조주를 추정할 수 있다.

이와 같은 주장을 꺾지 않으면 안 되기에, "With the success of scientific theories …."에서 반대 주장을 요약해 준 다음, 다시 이를 반박한다. 그러한 반박의 과정은 상대방의 입장을 어느 정도 인정해주는 것이기도 하다. 만약 그쪽의 전제가 옳다면 추론도 옳다. 즉, 우주가 시작점이 있다면 창조주도 있을 것이다. 그러나 그렇지 않다면 창조주는 없다. 이렇게 해서 호킹은 본인의 논지를 다시 천명했다. 하지만 자신의 전제, 즉 '창조는 없다'는 명제는 이 문단에서는 논증되지 않았기에, 논지의 발전이라기보다는 논지의 반복인 측면이 더 강하다.

우주의 실체와 비밀에 대한 본격적인 논증은 수리적으로만 가능할 것인가? 수학이 아닌 언어로 독자를 설득하려 하는 호킹의 솜씨는 우주의 역사를 논한다는 거창한 야심을 감안할 때 그렇게 만족스러운 편은 아니다.

생쥐만도 못한 인간

Bertrand Russell

【소개】

버트런드 러셀(Bertrand Russell, 1872~1970)은 과학과 이성에 입각하여 온갖 허위를 파괴하는, 소크라테스 이후 면면히 이어지는 철학자의 본업에 충실한 사람이었다. 다만 소크라테스와는 달리 출신이 유명한 귀족 집안인데다 남성적 매력도 넘치는 사람이라 스캔들이 끊이지 않았다는 점이 차이라면 차이일 것이다. 러셀도 호킹 못지않게 기독교를 위시한 종교를 허위이자 허상으로 규정하고 이를 타파하는 것을 큰 낙으로 삼았다. 오죽하면 『왜 나는 기독교도가 아닌가』(*Why I Am Not a Christian*)이라는 책까지 썼을까? 러셀의 사생활이나 소신이 어떠하건 러셀은 무엇보다도 명료한 문장으로 명성이 자자했던 저술가로서 인정받는다. 명확한 진실을 밝히려는 그의 일관된 철학적 의도는 불필요한 수사를 배제하고 명확한 어휘로 명확한 문장을 지으려는 노력과 일맥상통한다. 이하에 발췌한 문단에서 러셀은 인간과 동물을 비교하며 '진보'의 문제를 사유하고 있다. 인류가 발전하고 문명이 진보했다면, 과연 우리는 더 행복해졌는가? 또한 행복이란 무엇인가? 이러한 질문에 러셀이 어떻게 대답하고 있는지 한번 읽어보자.

【텍스트】

We have become, in certain respects, progressively less like animals. I can think in particular of two respects: first, that acquired, as opposed to congenital, skills play a continually increasing part in human life, and, secondly, that forethought more and more dominates impulse. In these respects we have certainly become progressively less like animals. As to happiness, I am not so sure. Birds, it is true, die of hunger in large numbers during the winter, if they are not birds of passage. But during the summer they do not foresee this catastrophe, or remember how nearly it befell them in the previous winter. With human beings the matter is otherwise. Every human death by starvation is preceded by a long period of anxiety, and surrounded by the corresponding anxiety of neighbours. We suffer not only the evils that actually befall us, but all those that our intelligence tells us we have reason to fear. The curbing of impulses to which we are led by forethought averts physical disaster at the cost of worry, and general lack of joy. I do not think that the learned men of my acquaintance, even when they enjoy a secure income, are as happy as the mice that eat the crumbs from their tables while the erudite gentlemen snooze. (원문 일부 편집)

어휘

* progressively 점점 더 * congenital 생리적으로 타고난 * play a part in 역할을 하다, 배역을 맡다 * forethought 예상, 예측 * As to …에 관한 한 * birds of passage 철새 * this catastrophe 굶어죽는 재난 * otherwise 다르다 * befell (불행 등이) 닥치다(befall의 과거형) * starvation 아사, 굶어죽음 * curb 구속하다, 제어하다 * avert 피하다 * disaster 재난 * at the cost of …를 대가로 지불하고 * learned men 유식한 사람, 학자 (=erudite gentleman) * snooze 꾸벅꾸벅 졸다, 잠이 들다.

【분석】

이 문단이 등장하는 맥락은 인류를 진보하게 만든 유익한 생각들을 논하는 자리이다. 대체로 긍정적인 내용들이 나오던 중, 이와 같이 인간을 동물보다 더 불행하게 만든 측면도 포함시키고 있다. 그렇지만 첫 세 문장만 보면, '인간이 동물과 점점 달라지는 쪽으로 진화한 것이 참 좋은 일이다'라는 논지로 이어질 것 같은 느낌을 준다. 하지만 논지는 정반대이다. 논제가 ("progressively"란 형용사의 형태로 들어가 변해있는) '진보' 내지는 '진화' 그 자체가 아니라 '행복'이기 때문이다. 그래서 네 번째 문장이 저자의 논지를 함축적으로 던져준다.

As to happiness, I am not so sure.

이어지는 부분 "Birds, it is true …"부터 이 부정적인 논지, 즉 '인류의 진보/진화가 꼭 행복으로 이어진 것은 아니다'를 논증하기 시작한다. 먼저 전제가 주어진다. 새들이 겨울철에 먹이가 부족해지면 상당수가 굶어죽는다는 과학적 사실을 제시한다. 누구나 받아들일 만한 명제이다. 그 다음 명제는 여기에서 출발하여 또 다른 전제를 접붙인다. '새들이 굶어죽지만 이를 예측하거나 이전 경험을 기억하지 못한다'는 두 번째 명제는 '새는 지능이 없다'는 전제를 함축하고 있고, 이를 받아들일 때 성립한다. 물론 최근 동물학의 연구 성과들에 비춰볼 때 러셀의 주장은 잘못된 것일 수도 있다. 그러나 일반적인 상식의 차원에서는 충분히 받아들일 만한 전제이다.

그 다음은 인간에 대한 주장들이 이어진다. 새와 달리 인간은 굶어 죽는 고통 그 자체 외에도 심리적, 정서적 고통을 함께 겪는다. 이것 역시 받아들일 만한 주장이다. 똑같이 굶어죽어도 더 고통을 받으며 죽게 하는 원흉은 무엇인가. 바로 새에게는 없고 인간은 갖고 있는 "intelligence"이다. 다른 측면에서는 인간이 진화하고 진보하게 만든 긍정적인 힘이지만, 동시에 인간을 보다 더 불행하게 만든 원인도 되고 있는 이 지능이 바로 우리를 더 불행하게 한다는 이 문단의 논지가 이제

The curbing of impulses ... general lack of joy.

문장에서 그 실체를 분명히 드러냈다. 지능을 발휘해 미리 결과를 예측한 후 충동을 제어하는 인간의 뛰어난 자질의 부정적인 대가를 지적했다. 이제 본업이 어느 정도 마무리된 터라, 농담조로 동료 학자들이 식곤증에 눌려 졸고 있는 모습을 묘사해준다. 박학다식한 이 분들이 결국 생쥐만도 못하다? 적어도 행복의 문제에 관해서는? 심한 조롱이긴 하나, 여기까지 전개된 논리에 입각해서 보면 분명히 그

런 결론이 도출될 수밖에 없다.

I

포르노는 오락이 아니다

Andrea Dworkin

【소개】

안드레아 드워킨(Andrea Dworkin, 1946~2005)은 미국의 페미니스트 학자이자 저술가로서, 남성 주도 사회의 폭력성을 평생 강한 어조로 비판해왔다. 특히 표현의 자유란 미명 하에 맘껏 활개 치는 포르노그래피에 대한 규제를 역설한 그녀의 입장은 세간의 주목을 받으며 동시에 숱한 '적'들의 공격을 초래했다. 표현의 자유는 미국 헌법에 보장돼 있는 미국의 '국시' 중 하나이다. 그 표현의 내용이 어떠하건 누구건 자신의 의사나 생각을 표현할 수 있다. 단, 그러한 의사표현이 남의 자유를 침해할 경우에는 제약받을 수 있다. 포르노그래피를 규제하자는 논리를 펼치려면 포르노가 단순한 오락이 아니라 특정 개인 및 집단의 자유를 제약할 수 있는 행위임을 주장해야할 것이다. 포르노가 여성에 대한 잘못된 생각과 정서를 유포시켜 여성에 대한 잘못된 행동을 유발한다면 이는 명백히 표현의 자유를 제약할만한 사유가 된다. 그러나 또 다른 걸림돌이 있다. 포르노를 제작, 유포, 소비하는 행위는 상업적인 행위이다. 시장경제를 철저히 신봉하는 미국에서 모든 상업적 행위는 정당하다. 이를 규제하려면 마약 거래처럼 그 해악이 매우 명확하게 입증돼야 할 것이다. 아니면 대개 주마다 법으로 금지하고 있는 매매춘과 포르노가 다름이 없다는 점을 역설해야 한다. 그러나 둘은 명백히 다르긴 하다. 과연 포르노를 제어하고 제거하려는 이 여성 지식인의 논리는 무엇일까? 포르노 산업과 힘겨운 싸움을 용맹스럽게 전개하는 그녀의 말을 들어보자.

【텍스트】

In the United States, the pornography industry is larger than the record and film industries combined. In a time of widespread economic impoverishment, it is growing: more and more male consumers are eager to spend more and more money on pornography–on depictions of women as vile whores. Pornography is now carried by cable television; it is now being marketed for home use in video machines. The technology itself demands the creation of more and more *porneia* [Greek for 'whores'] to meet the market opened up by the technology. Real women are tied up, stretched, hanged, fucked, gang-banged, whipped, beaten, and begging for more. In the photographs and films, real women are used as *porneia* and real women are depicted as *porneia*. To profit, the pimps must supply the *porneia* as the technology widens the market for the visual consumption of women being brutalized and loving it. One picture is worth a thousand words. The number of pictures required to meet the demands of the marketplace determines the number of *porneia* required to meet the demands of graphic depiction. The numbers grow as the technology and its accessibility grow. The technology by its very nature encourages more and more passive acquiescence to the graphic depictions. Passivity makes the already credulous consumer more credulous. He comes to the pornography a believer; he goes away from it a missionary. The technology itself legitimizes the uses of women conveyed by it.

어휘

* depictions 묘사 * vile 천한 * meet the market 시장(의 수요)에 대응하다 * brutalize (짐승처럼) 심하게 다루다, 학대하다 * accessibility 접근성, 사용의 용이성 * acquiescence 암묵적 동의 * credulous 쉽기 믿는, 속아 넘어가는 * missionary 선교사 * legitimize 정당화, 합법화하다

【분석】

포르노 시장에 맞서는 드워킨의 전략은 허구와 실제의 차이를 가급적 무시하는 것이다. 포르노물 안에서 묘사되는 여성의 모습은 여성 모델들을 갖고 만든 '허구' 이지만, 그 과정에서 실제 여성을 동원하기에 여성에 대한 학대이기도 하다. 또한 그러한 여성의 모습에 대한 왜곡된 인식을 갖게 되는 포르노 소비자들은, 발췌된 부분에서는 거기까지 다루지 않았지만, 여성에 대해 왜곡된 행동을 하게 된다. 이 두 가지 논점이 저자의 주된 공격 포인트이다. 그러나 효과적으로 상대방을 공격하려면 상대방의 반론에 대한 예측 및 대응이 효과적으로 진행되어야 할 것이다. 이하에서는 과연 그러한지, 이 문단의 문장들 사이에 저자가 반론을 예상하고 처리하고 있는지 여부를 집중적으로 살펴보자.

먼저 첫 문장은 포르노 산업의 규모가 엄청남을 주장했다. 앞부분에서 이를 뒷받침할 통계자료가 나와 있다면 그

자체는 반박할 여지가 없는 명제일 것이다. 단, 다음과 같은 반론은 가능하다 (상대방이 적대적인 독자임을 가정한 논쟁적 글이니 편의상 가상의 독자를 '적'으로 표기하자)

> 적: 요즘처럼 경제가 어려운데, 설마 더 이상 성장하지는 않겠지요?

이에 대한 대답이 두 번째 문장이다. 경제가 어렵지만 포르노 산업은 여전히 고속 성장한다는 게 저자의 대답이다. 그러나 지금 단순히 경제 이야기를 하자는 것이 아니므로, 콜론(:)을 찍고 이 명제를 자신의 목적에 맞게 다시 상세히 부연하고 있다. 포르노는 말하자면 남자들이 여자들의 왜곡된 묘사를 담은 문화상품을 돈 주고 사는 행위라고 정의하고픈 것이다. 이때 즉각 반론이 가능하다.

> 적: 사진이나 영화 속 묘사인데 뭐 어때요? 오락이잖아요?

이러한 반론을 묵살한 채 드워킨은 포르노의 광범위한 보급 및 시장의 확산이 엄연한 사실임을 주장하며 계속 나아간다. 이때 제기되는 질문은 다음과 같을 것이다.

적: 그렇다면 그건 테크놀로지 때문이지, 소비자를 탓할 수 없잖아요?

이 질문에는 어느 정도 대답을 해주고 있다. 맞다, 테크놀로지 때문인데, 바로 그래서 점점 더 많은 '포르네이아'가 필요해지는 것이라고 하며, '포르노그래피'의 어원적 의미를 그대로 사용하겠다는 의사를 동시에 천명했다. '포르노그래피'는 말 그대로 '포르네이아', 즉 매춘부를 묘사하는 그림이란 뜻이기 때문이다.

이때 아까 무시했던 질문이 다시 고개를 든다.

적: 그게 진짜 매춘부에요? 그냥 사진이나 동영상일 뿐인지?

이 질문은 그것을 더 이상 무시하고는 자신의 논지를 필 수 없을 만큼 중요한 반론이다. 드워킨은 이제 전면전에 나선다. 그래서 차제에 '포르노는 실제 여성의 문제이다'라는 본인의 논지를 이 대목에서 밝혀두는 것으로 이 질문에 대답했다.

Real women are tied up, stretched, hanged, fucked ... and begging for more.

생생하고 저급한 언어들을 일부러 동원해서 포르노 속에서 "real women"이 어떤 고초를 당하는지를 나열했다. 이 문장에 함축된 논지는 '이것이 모두 실제 여성의 문제이다'라는 것이기에, 맨 앞의 주어가 가장 중요한 요소이다. 이어지는 문장도 같은 반론에 대한 같은 전략의 대응이다. 그래서 "real women"이 계속 반복되며 강조된다.

이 정도에서 반론이 수그러들 것인가? 그렇게 만만한 상대를 예상한다면 이 문단의 설득력은 약해질 수밖에 없다. 또 다른 반론이었던,

> 적: 그건 다 테크놀로지 탓 아니요?

란 문제가 다시 고개를 들 수 있는 시점이기 때문이다.

> 적: 실제 여성을 동원하는 게 사실이지만, 테크놀로지 때문에 더 수요가 늘어난다는 점을 간과하시면 안 되지요!

이런 식의 점잖고 유식한 척하는 반론에 맞서려면 자신도 테크놀로지론을 펼치는 게 필요하다. 그래서 테크놀로지의 책임을 인정하면서도, 여전히 문제는 여성을 학대하는 모

습을 보여주고 사고파는 것임을 밝히는 문장이 “To profit …”에서 “The numbers grow as the technology …”까지 이어진다. 이렇게 하므로 테크놀로지와 포르노의 관계를 밝혔다.

이제 어느 정도 반론을 잠재운 셈이다. 기술이 창출하는 수요 때문에 점점 더 많은 수의 여성이 ‘포르네이아’로 사용돼야 하는 상황이 생긴다는 점도 밝혔기 때문이다. 하지만 독자는 여전히 또 다른 반론을 다시 들고 나와 질문을 던진다.

> 적: 그 자체야 옳은 말씀입니다만, 사진이나 비디오를 현실과 동일시하는 바보가 어디 있어요? 그건 그냥 오락입니다, 예술이라고 할 수는 없겠지만.

여기에 대한 2차 반론으로 두 번째 논지를 이 대목에 배치시켰다.

> The technology by its very nature encourages … graphic depictions.

바로 테크놀로지 때문에 왜곡된 여성상을 자연스럽게, 당연한 것으로 받아들일 위험이 더 커지는 것이고, 그 결과 포르노 소비자는 더욱 더 왜곡된 여성관의 소유자로 변하게 된다. 이러한 대답을 통해 문제가 단순히 실제 여성 모델을 동원하는 차원이 아니라 보다 심각한 실제 현실에서의 남성들의 여성에 대한 행동의 문제로까지 확산됨을 주장한다. 이쯤 되면 국가나 사회가 팔짱을 끼고 '시장 논리'에만 맡긴 채 방관할 수 없는 상황이다. 한 국가나 사회의 구성원 절반이 여성인데 이들의 행복과 안정에 심각한 위협을 조장하는 것이 포르노라면, 그냥 방치할 수는 없을 것이기 때문이다. 결국 드워킨은 가상의 적을 내세워 자신의 논리를 단단히 세워놓는 데 성공했다.

J
시장의 목소리
Friedrich Hayek

【소개】

20세기 후반부터 불기 시작한 신자유주의 경제이론의 '바람'은 대한민국에서는 지금 이 순간에도 그 위세가 줄어들지 않은 채 많은 사람의 삶에 직접 영향을 미치고 있다. 대략 1970년대까지의 경제이론 및 정책이 이 책의 Part 2 예문 중 첫 번째 자리를 차지했던 케인즈의 영향권하에 있었다면, 1980년대 영국의 대처(Margaret Thatcher) 수상과 미국의 레이건(Ronald Reagan) 대통령 시대가 열리자 신자유주의적 이론 및 정책이 케인즈주의를 강력하게 내몰았다. 일자리가 안정되고 그런대로 두둑한 봉급 덕택에 다수의 국민이 근로자이자 소비자로서

안정된 수요를 창출하고, 여기에 맞춘 공급을 통해 일자리가 보장되는 선순환 구조는 대공황 이후, 특히 2차 대전 이후 영미를 위시한 선진국들의 경제구조의 원칙으로 받아들여졌었다. 그러나 1980년대에 다양한 요인들(가령 동구권의 몰락으로 더 이상 사회주의적 경제정의를 흉내 낼 필요가 없었진 정황)이 가세하여 상황이 급변하기 시작한다. 출발점이자 종착점이 근로 대중의 일자리가 아니라 자본 투자자, 특히 증권 투자자의 수익률이 된 것이다. 최대의 수익을 내기 위해서는 일자리의 안정이나 경제 단위 전체에 있어서의 수요 창출을 걱정할 여유가 없다. 투자자나 사업가는 자본주의 체제에서는 항상 자신의 배타적인 이익만을 고려하기 때문이다. 따라서 이들의 시각에서는 불필요한 일자리는 줄이고, 수익이 부실한 분야나 기업은 과감히 정리해야 한다. 그런 시각은 이들의 입장에서는 당연한 것이다. 문제는 투자자나 사업가 뿐 아니라 국가도 마찬가지 시각을 갖는다는 데 있다. 국가는 개입과 규제를 최소화하고 그저 만사를 시장에 맡기면 된다고 믿기 시작할 때 사회 전체의 안정에 심각한 위협이 될 수 있기 때문이다. 다수 국민이 곤경에 처하면? 다시금 시장논리가 대답이다. 경제가 성장하면, 소위 '파이가 커지면' 다들 뭔가 먹을 게 생기게 마련이니 일시적인 어려움은 군말 없이 감내해야 한다.

이러한 신자유주의의 냉엄한 논리의 정신적 지주 중 한 사람이 오스트리아 출신으로 영국에 귀화한 후 영국과 미국에서 활동한 하이에크(Friedrich Hayek, 1899~1992)이다. 아래 발췌문은 제목부터 매우 선명한 『치명적 가식: 사회주의의 오류들』(*The Fatal Conceit: The Errors of Socialism*)저서의 일부이다.

【텍스트】

The creation of wealth is not simply a physical process and cannot be explained by a chain of cause and effect. It is determined not by objective physical facts known to any one mind but by the separate, differing, information of millions, which is precipitated in prices that serve to guide further decisions. When the market tells an individual entrepreneur that more profit is to be gained in a particular way, he can both serve his own advantage and also make a larger contribution to the aggregate than he could produce in any other available way. For these prices inform market participants of crucial momentary conditions on which the whole division of labour depends: the accurate rate of convertibility of different resources for one another, whether as means to produce other goods or to satisfy particular human needs. For this it is even irrelevant what quantities are available to mankind as a whole. Such 'macro-economic' knowledge of aggregate quantities available of different things is neither available nor needed, nor would it even be useful. Any idea of measuring the aggregate product composed of a great variety of commodities in varying combinations is mistaken. (원문 일부 편집)

어휘

* precipitated 촉진되다, 유발되다 * entrepreneur 사업가 * available 가용한 * aggregate 종합 * participants 참여자 * crucial 매우 중요한, 핵심적인 * division of labour 노동의 분화 * convertibility 전환가능성 * irrelevant 무관한 * macro-economic 거시경제적.

【분석】

이 문단의 논제는 '부의 창출'이다. 신자유주의 경제이론의 논제가 바로 이것이다. 케인즈주의, 사회주의, 사회민주주의 등 이전 경제이론에서는 '부의 창출' 외에도 '고용창출', '국가 경제의 성장' 같은 논제들이 동등하게, 또는 보다 더 중요했다. 그러나 신자유주의에서는 이 모든 논제들이 밀려나고 오로지 '부의 창출'만이 유일한 핵심어가 되었다. '부'(wealth) 앞에는 일체의 관사나 수식어가 없다.

말하자면 '삶'(life)이나 '행복'(happiness)처럼 매우 추상적인 개념인 것이다. 이러한 추상적인 실체를 '창출, 창조'(create)한다는 것은 어떤 의미인가?

'창조'라면 무에서 유를 창조하는 창조주나 아니면 덤덤한 재료를 갖고 눈부시게 찬란한 작품을 만들어내는 예술가를 연상시킨다. 그렇다면 '부'를 '창조'하는 이들은 창조주나 예술가와 어떤 공통점을 갖고 있는가? 창조주나 예술가처럼 '미'를 추구하는가(성서의 「창세기」는 하느님이 우주와 세계를 창조한 후 '보기 좋았다'라는 평을 기록하고 있다)? 창조주처럼 홀로 무에서 유를, 없는 부를 허공에서 만들어낼 수 있을까? 물론 그렇지 않다. 시장이라는 복잡한 사회관계를 떠나서 홀로 사업하는 사업가는 없다. 또한 직원을 한 사람도 고용하지 않는 사업가는 (동네 구멍가게가 아니라면) 없다. 따라서 사업가는 창조주가 아니고 그가 활동하는 행위를 '창조'라고 할 수는 없다.

예술가와 비교할 때는 또한 어떠한가? 둘 다 사회적인 공간 안에서 다른 사람들과의 관계를 맺으며 뭔가를 만들어낸다는 점에서는 같다. 그러나 예술은 아름다움이라는 추상적 목표를 추구한다. 하지만 사업가는 이윤이라는 구체적인 목표를 추구한다는 점에서 결정적으로 다르다. 결국 '부의 창출'은 사실은 논리적인 근거가 없는 시적인 비유에 불과하다.

그러한 시적인 추상성이 저자에게는 도움이 되긴 한다. 부의 창출이 이렇듯 신비로운 과정이라면 당연히 객관적인 자연현상처럼 명확한 인과론으로 규명할 수 없기 때문이다. 그러나 여기서 첫 번째 반론이 제기된다(적대적인 독자를 '적'으로 가정하자).

적: 당신이 무슨 시인이요? '과학성'을 내세우는 경제학자가 무슨 그런 신비로운 표현을 쓰시는지?

타당한 반론이기에 뭔가 논리적인 설명으로 이행하지 않으면 안 될 것이다. 부의 창출이 신비로운 것은 복잡하고 상이하고 과도한 정보가 넘쳐나는 상황 속에서 그것이 이루어지기 때문이다. 여기에서 또 다른 반론이 제기된다.

적: 그럼 도무지 알 수가 없는 과정이란 말인가? 그것 참 무책임하군.

이러한 반론을 막기 위해 같은 문장의 주절에 이어서,

which is precipitated ... decisions

절에다 '과학적' 주장을 담아놓았다. 가격이 유일한 길잡이가 되는 복합적이고 복잡한 세계는 다음 문장에서는 역시 사뭇 과학적인 개념인 '시장'으로 명명되었다. 그런데 흥미롭게도 다시 이 경제학자는 비유법을 사용하고 있다. 이 '시장'이 의인화된 것이다.

When market tells an individual entrepreneur ...

이 때 시장은 동대문 시장 같은 실제 시장이 아닌 복잡한 경제의 메카니즘을 지칭하기에, 이러한 추상적 구조가 개별 사업가에게 '이야기를 해준다'는 표현은 명백히 의인법에 해당된다. 앞서 '부의 창출'도 그렇지만 왜 이렇듯 결정적으로 중요한 개념이 사실상은 비유의 형태로 제시되는가? 아니, 그럴 수밖에 없는 속사정이라도 있는가? 이런 질문에는 하이에크가 대답할 의향이 없음을 이 문장의 이어진 내용을 보면 분명히 알 수 있다.

전제는 어찌됐건, 시장이 어떤 식으로, 또한 얼마나 믿을만하게, 아니면 모든 사업가들에게 똑같은 언어로, '이야기'를 하는지 등의 문제는 모두 제쳐놓은 채, 신자유주의 경제이론의 핵심 주장을 저자는 펼친다. 각자가 이윤을 추구하다 보면 자신도 물론 이득을 보지만 전체에게도 이득이다. 바로 아담 스미스의 '보이지 않는 손'의 주장과 같다. ‘보이지 않는 손’? 그것도 비유 아니었던가? 비유는 다음 문장에서도 이어진다.

For these prices inform ...

의인화의 정도가 약화되긴 했으나, 가격이 정보를 전달해주는 주체로 변해있다. 그러나 역시 비유를 바싹 뒤따라오며 애매성을 제거해주는 ‘청소부’가 있으니, 바로 콜론(:) 이하의 절이다. 가격은 “전환가능성의 비율”이라는 사뭇 전문적이고 과학적인 표현으로 보완됐기 때문이다.

하지만 이 문장만으로는 설명되지 않은 전제들이 적지 않기에, 이 모든 전제들이 입증돼야만 이 문장이 과학적 권위를 주장할 수 있다. 이 문장을 다시 보자.

For these prices inform market participants of crucial momentary conditions on which the whole division of labour depends: the accurate rate of convertibility of different resources for one another, whether as means to produce other goods or to satisfy particular human needs.

여기에는 다음과 같은 전제들이 가정돼 있다.

첫 째, 가격이 시장 참여자들에게 늘 올바른 정보를 전달해준다.
둘 째, 시장 참여자들은 각자 또는 전체적으로 늘 합리적인 판단을 한다.
셋 째, 노동의 분화 '전체'가 예외 없이 가격의 '정보'에 "depend"한다.
넷 째, 상이한 자원들의 상호 전환가능성이 정확히 계산 될 수 있다.
다섯째, 이러한 계산에 있어서 생산의 수단, 즉 자본재와 직접 소비재 간의 질적인 차별은 무시해도 좋다.

이렇듯 언뜻 보기에는 탄탄한 과학적 명제 같은 문장이지만 사실은 숱한 전제들을 가정만 했지 입증하지 않은, 따라서 논리적으로는 매우 취약한 문장이다. 그러나 하이에크는 이어지는 문장들에서는 마치 이 모든 전제들을 확고히 세워놓은 양, 매우 자신 있게, 거시 경제적 시각의 무용성과 무익함을 역설한다.

Such 'macro-economic' knowledge ... is neither available nor needed

이것이 이 문단의 사실상의 논지이다. 그러나 그 논지를 세우는 과정에서 제기되는 질문을 제대로 처리하지 않았다. '못했다' 가 아니라 '안했다' 라고 해야 옳다. 그럴 역량이 없는 사상가가 절대로 아니기 때문이다. 왜 안했을까? 본인의 신념 또는 이념을 강변하려는 의도가 너무 강한 연유로 밖에는 판단할 수 없다.

K

여성은 남성의 노예인가

J. S. Mill

【소개】

J. S. 밀(J. S. Mill, 1806~1873)은 바로 앞에 등장한 하이에크를 비롯한 숱한 (신)자유주의자들이 늘 그들의 사상적 원조로 추앙하기를 즐기는 인물이다. 사회나 군중의 압력에 맞서 개인의 자유를 보호하고 개성의 중요성을 역설한 밀의 『자유론』(*On Liberty*) 같은 저서를 거론하며, 자기들도 마찬가지로 개인의 (돈 벌이의) 자유를 최대한 보장하려는 것이라고 역설하곤 한다. 하지만 결정적인 차이가 있다. 밀에게 있어 개인은 단순히 돈 벌이의 주체가 아니다. 오히려 맹목적인 경제논리에 함몰되는 것이 얼마나 개인의 인격 발전에 장애가 되는지를 『자유론』에서 누누이

강조한 바 있다. 그의 경제이론도 신자유주의자들과는 방향이나 입장이 같지 않다. 개별 사업가들이야 각자 경제적 이익을 자유롭게 추구하는 것은 얼마든지 당연한 일이고 이를 얼마든지 보장할 일지만, 밀은 국가나 사회 전체는 균형 있는 분배에 신경을 써야한다고 보았다. 소위 신자유주의가 철저히 파괴하고자 하는 '분배의 정의'란 개념은 다름 아닌 밀에게서부터 시작된다. 어디 그 뿐인가. 모든 개인이 똑같이 존엄하기에, 여기에는 성별의 차이가 있을 수 없다. 밀은 19세기 중반에 심지어 여성들도 이 문제에 대해서 별 뚜렷한 발언을 아직 하지 않을 때, 여성의 종속 및 차별의 문제점을 조목조목 비판하는 선구적인 (그리고 물론 당시로서는 전혀 인기 없는) 논설을 개진했다. 아래 발췌문은 이중 일부이다.

【텍스트】

Men do not want solely the obedience of women, they want their sentiments. All men, except the most brutish, desire to have, in the woman most nearly connected with them, not a forced slave but a willing one, not a slave merely, but a favourite. They have therefore put everything in practice to enslave their minds. The masters of all other slaves rely, for maintaining obedience, on fear; either fear of themselves, or religious fears. The masters of women wanted more than simple obedience, and they turned the whole force of education to effect their purpose. All women are brought up from the very earliest years in the belief that their ideal of character is the very opposite to that of men; not self-will, and government by self-control, but submission, and yielding to the control of others. All the moralities tell them that it is the duty of women, and all the current sentimentalities that it is their nature, to live for others; to make complete abnegation of themselves, and to have no life but in their affections. And by their affections are meant the only ones they are allowed to have—those to the men with whom they are connected, or to the children who constitute an additional and indefeasible tie between them and a man.

어휘

* solely 단지 * enslave 종속시키다, 노예로 만들다 * turn X to Y, Y하기 위해 X를 사용하다 * bring up in the belief 믿음을 자라나면서 주입받다 * yield 양보하다, 따르다 * abnegation (자기)부인 * affections 감성 * indefeasible 무효화할 수 없는, 끊을 수 없는.

【분석】

밀의 여러 명저 중에는 《논리학》(*A System of Logic*)도 포함된다. 논리적인 사고훈련을 통해 모든 개인이 사리를 분별한다면 보다 나은 세상이 될 수 있다는 신념에서 쓴 책이다. 그런 책을 쓰려면 본인이 일단 논리학에 정통해야 한다. 과연 논리의 대가다운 면모가 이 발췌문에 드러나는가. 먼저 첫 문장부터 보자. 이 문장은 "not solely(=only) … but also" 구문을 사용하여 전제를 그 안에 품은 문장임을 알 수 있다. 즉, '… 하는 것은 물론이고, 그러한 전제에서 출발해서 … 하기도 하다'는 형태의 문장이다. 일단 남성이 여성을 종속시키려 한다는 것이 전제가 돼 있다. 이를 반박할 여지가 있는가? 적어도 밀이 글을 쓸 당시인 19세기 중반에는 그렇지 않기에, 보편적인 타당성을 갖고 있는 전제이다. 이 전제에 근거해서 밀의 논지가 이미 첫 문장에 선언돼 있다. 즉, '남성은 여성을 정서적으로 굴종시키려 한다'는 것이 이 문단의 논지이다. 그러나 아직은 포괄적인 형태로만 선언됐기에 질문이 제기된다. 가령,

> 남성이 여성의 감성을 원하다니? 그게 무슨 말이요? 그냥 섹스를 원하는 것 아닌가?

두 번째 문장에서는 여기에 대한 반론을 "except the most brutish"에 담고 있다. 아주 야수 같은 자들은 그럴

지 몰라도 그들을 제외한 대부분의 남성은 정서적인 필요를 여성이 충족시켜주기를 욕망한다… 이렇게 대답이 진행될 법한데, 갑자기 과격한 표현이 등장하기 시작한다. '노예!' 앞 문장에서 '복종'을 이어받은 표현이나, 논리적으로 비약이 없는 것은 아니다. 모든 복종이 노예적인 것이 아니고, 노예만이 복종하는 것이 아니기 때문이다. 가령 자유인도 (치과 의사한테 치료를 받을 때처럼) 일시적인 복종을 할 수 있고 (운전자가 교통법규를 지킬 때처럼) 자발적인 복종도 얼마든지 있다. 하지만 밀은 지금 강력한 정치적 메시지를 전달하고 싶은 의도가 강하다. 이 점은 바로 앞서 나온 하이에크의 경우와 유사하다. 여성의 억압상태를 노예상태라고, 비유적인 표현이 아니라, 확실한 사실로 규정하는 이 핵심적 전제는 그만큼 공격에 노출돼 있다. 그러나 이것을 방어하는 것이 이 문단의 주 임무는 아니다. 앞선 대목의 다른 문단들이 충분히 이 문제를 다뤘기에 여기에서는 그냥 그대로 갖다가 연결고리로 사용하고 있다.

그래도 한 가지 반론은 밀이 적절히, 또한 자신에게 유익하게 이용하고 있다. 즉,

여성이 노예라고? 어디 보통 노예하고 똑같단 말인가?

물론 일반 노예와 같지 않다. 그 '같지 않음'이 바로 남

성이 여성의 “sentiments”를 원한다는 첫 문장의 주장과 그대로 일치하는 부분임을 이어지는 문장들이 하나씩 구체화하고 있다.

첫째, 이들은 여성이 그냥 허접한 일이나 하는 일반 노예가 아니라 주인이 곁에 두고 총애하는 노예가 되기를 원한다는 것이다. 분명이 보통 노예와 같지 않다. 자신의 논지를 제시한 후, 이에 대한 반론의 여지를 인지하고 이에 대응하므로 논지를 구체화한 탁월한 예라고 할 수 있다.

뿐만 아니다. 여성은 보통 노예처럼 공포심과 무력에 의해 유지되는 노예가 아니라, 교육, 도덕, 일반 통념 등 다양한 문화적 장치들을 통해 노예로 만들어지고 유지되는 노예라는 주장으로 논지는 구체화되고 있다.

> The masters of all other slaves rely, for maintaining obedience, on fear ...

그리고 이어지는

> The masters of women wanted more than simple obedience ...

이 두 문장은 (같은 주어를 의도적으로 반복하며) 바로 예상된 반론을 역이용하여 자신의 논지를 발전시키고 있는 연결 고리들이다. 이 단계를 거친 후에는 별 제약을 받지 않고 이러한 문화적 통제 장치들을 하나씩 명명하고 구체화하고 있다.

물론, 그 안에서도 복잡한 논쟁이 진행되지 않는 것은 아니다. 가령, 이어지는 문장의 앞부분 절

> All women are brought up ... is the very opposite to that of men ...

은, 이 문단의 첫 문장과 유사하게, 보다 일반적인, 따라서 받아들이기 쉬운 주장을 던져준다. 여기까지 읽고, 독자는

> 여성과 남성의 성격이 다르다는 것이야 당연한 것 아닌가? 그게 뭐가 어때서?

라고 반론을 던질 법하다. 그러나 부연설명을 하는 절에서는 이 '다름'이 '노예적인' 성향을 그 내용으로 한다는 것임을 밝히므로, 반론에 대응한다. 말하자면,

다르다는 것 그 자체가 문제가 아니라 종속적인 성격을 주입시킨다는 것이 문제이다

라는 말로 받아쳤다.

그래도 반론의 여지는 남아있다.

그게 어디 교육의 책임인가? 동서고금의 경전과 현자들이 다 비슷한 말을 하지 않았던가? 그게 바로 인류의 문화유산 아닌가?

밀은 이런 반대 논리에도 전면적으로 대응하고 있다. 이어지는

All the moralities tell them that it is the duty of women

절은 '옳소, 모든 도덕률이 그 점에서는 마찬가지지요' 라고 반론의 여지를 인정하는 발언으로 보이지만 맥락상 "moralities"나 "duties" 같은 '좋은 말' 들이 부정적인 의미를 부여받으며 이 문장 자체의 함축된 의미가, '바로 그래서 문제요!' 라는 쪽으로 변했다.

거기에 덧붙여서 밀은,

> 어디 그 뿐인가, 전통적인 도덕률 뿐 아니라, 요즘 통용되는 감성들도 마찬가지지요

라고 스스로 반론을 만들어내고 이를 처리하므로 공세의 힘을 강화하고 있다. 밀이 말하는 당대의 감성들이란 19세기의 대중 소설(요즘으로 치면 텔레비전 연속극) 같은 데서 유포된 여성상을 지칭하고 있다. 이들 소설류의 고객이 여성들이었기에 그만큼 그 '교육적' 효과는 컸다. 저자는 마지막까지도 반론에 대응하며 논지를 보완하는 논쟁적 전투성을 약화시키지 않고 있다. 바로 앞 문장에서 사용한 "affections"에 대한 반론이 가능하기 때문이다.

> 감성? 호의적 감성? 그게 뭐가 나쁜가?

가상의 적이 이렇게 반문하자, 밀은,

> 물론 그 자체가 나쁠 거야 없지만, 문제는 그런 감성이 한 방향으로만 제한돼 있다는 것이다

라는 주장으로 대답하며 여성이 정서적인 노예상태에 갇혀 있다는 논지의 구체화를 한 단계 더 진전시키고 있다.

참으로, 『논리학』을 집필한 대가의 솜씨라고 아니할 수 없다. 논리란 바로 이와 같이 논쟁과 토론의 상황을 철저히 인식하면서 말하고 글쓰는 기술이자 태도이기 때문이다.

L

국가의 존재 이유

William Hazlitt

【소개】

윌리엄 해즐릿(William Hazlitt, 1778~1830)은 19세기 초 영국의 언론인이나 평론가로서, 활발한 문필활동을 한 사람이다. 그는 모든 면에서 진보, 개혁적인 입장을 견지했다. 해즐릿은 정치적으로는 전통을 무조건 존중하거나 기득권을 보호하려는 보수적인 논리를 공격했고, 문화적으로는 당시 낭만주의 시인들이 보여준 새로운 문학적 실험을 적극 지지했다. 문필가로서 해즐릿은 명료하고 평이한 문체를 사용했는데, 가급적 많은 독자층에게 다가가려는 그의 의도와 연결된 것이라고 할 수 있다. 앞서 인용한 밀의 글이 그 내용이나 분석이나 상당히 무겁고 만만치 않은 수준이었기에, 이번에는 그간의 설명한 바들을 점검하는, 말하자면 쉬어가는 글처럼 짧은 텍스트를 발췌했다. 하지만 국가와 정부의 기능이 무엇인가에 대한 짧지만 명료한 논의를 담고 있으니, 글의 논제나 논지가 결코 가벼운 것은 아니다.

【텍스트】

That government is instituted for the benefit of the governed, there can be little doubt; but the interests of the government, when once it becomes absolute and independent of the people, must be directly at variance with those of the governed. The interests of the one are common and equal rights: of the other, exclusive and invidious privileges. The essence of the first is to be shared alike by all, and to benefit the community in proportion as they are spread: the essence of the last is to be destroyed by communication, and to subsist only in wrong of the people. Rights and privileges are a contradiction in terms: for if one has more than his right, others must have less.

어휘

* institute 제도화하다, 만들다 * the governed 정부 밑에 있는 국민 * be little doubt 의심의 여지가 없다 * be at variance with 서로 맞지 않다, 불화하다 * invidious 불공평한, 차별적인 * first ... last 전자, 후자 * communication 여기서는 '공유'의 의미 * subsist 존속하다 * wrong 불의, 폐해 * contradiction 모순 * in terms 용어상의, 개념상.

【분석】

이 글은 논쟁적인 편은 아니나, 논쟁적일 수 있는 논제를 다루고 있다. 먼저 첫 번째 문장은 위의 밀의 글처럼 가장 일반적으로 받아들일 수 있는 명제를 전제로 삼고 출발한다. 즉, 정부(government)는 말 그대로 정부 밑에 있는 국민들(governed)의 이익을 위해서 제도화된 것임은 의심의 여지가 없다고 운을 뗀 것이다. 아무리 속으로는 그렇게 생각하지 않더라도, 심지어 독재국가에서도, 명목상으로는 늘 '국민'이나 '인민'을 위해 정부가 존재한다는 점을 내세우기 마련이다. 이 탄탄한 전제에서 출발해서 이 문단의 논지를 곧바로 "but the interests …" 이하에서 제시한다. 왜 "but"을 사용했는가? 이 첫 번째 절과 다음 부분 사이에 작은 반론을 글쓴이 스스로 제기한 후 답변하는 격이기 때문이다. 즉,

정부의 존재이유가 국민을 위하는 것이라면 둘의 이익이 늘 일치하는 것인가요?

이러한 질문에 대해, 정부와 국민의 이익이 늘 일치하는 것은 아니라는 답변의 형태로 자신의 논지를 편다. 일치하지 않는 정도가 아니라 "directly at variance with"이니 서로 정면으로 충돌하는 상황으로 변할 수 있다는 것이다. 단, 모든 경우가 그러한가, 아니면 어떤 경우에 그러한가? "when once … "의 상황에서 그러하다. 따라서 그렇다면 정부는 늘 국민의 통제를 받아야 마땅하다는 게 이 글의 주장인가? 분명히 이것이 여기에 함축된 주장이긴 하나, 이 문단은 전체 글에서 그러한 바람직한 방향을 제시하는 것보다도, 왜 양자가 서로 충돌하는지를 규명하는 기능을 떠맡고 있다. 그래서 그 다음 문장은,

어떤 면에서 그런가요?

라는 일반적인, 비교적 호의적인 질문에 대한 대답을 해주고 있다. 양쪽은 그 속성상 그 추구하는 바가 서로 대립적이기 때문이라는 것이 답이다. 말하자면 처음 출발을 했던 전제를 부인했다. 정부가 국민의 이익을 위해 존재한다면 양자의 이익은 서로 일치해야 하기 때문이다. 양자의 속성

이 한 쪽은 공유와 평등을 지향하는 반면, 다른 쪽은 배타성과 특권을 지향한다는 점에서 그러하다는 대답이 이어졌다.

그런데 아직 뭔가 좀 더 보완 설명이 필요하다. 이 자체로는 "common and equal", "exclusive and invidious" 등의 표현이 너무 추상적이기 때문이다. 그래서 다음 문장이 하나 더 이어진다.

> The essence of the first is to be shared alike by all ... the essence of the last is to be destroyed by communication ...

이 문장을 통해 "common"과 "exclusive"의 의미를 좀 더 구체화했다. 그러나 아직은 여전히 구체성이 떨어지는 일반론에 머물고 있다. 보다 구체적인 내용은 이어지는 문단에서 예를 들어가며 밝혀야 할 것이다. 이 문단의 마지막 문장은 앞 문장을 읽고 나서 드는 의문에 대한 대답을 제공해주는 대신, 지금까지 이어진 주장을 다시 반복하는 성격에 머물고 있다. 즉, 이 문단은 전형적인 '서론' 문단이다. 어느 정도의 논증은 하고 있으나 의문의 여지를 남겨두고 이를 후속 문단이 해명하도록 열어놓았다. 그렇지 않고 본론에서 등장하는 문단이었다면, "The essence of the first … ” 문장 다음에 구체적인 예를 당대의 시사적인 사건이나 역사적인 사건을 통해 찾아내어 제시했을 것이다.

M

남의 말로 내말 하기

Noam Chomsky

【소개】

노엄 촘스키(Noam Chomsky, 1928~). 한국의 많은 영어학자들이 현대 언어학의 절대적인 권위자로 추앙하는 이름이다. 그가 만들어놓은 이론과 그가 새로 쓴 논문을 열심히 따라가며 이를 영어와 한국어에 적용하여 분석해 내는 데 평생을 받친 이들도 적지 않다. 그토록 한 학자를 추종하는 자세를 탓할 것만은 아니다. 그만큼 현대 언어학에서 촘스키의 위상은 엄청나다. 거의 새로운 학문을 혼자 만들어냈다고 해도 과언이 아닐 정도이기 때문이다. 그런데 또 다른 촘스키가 있다. 이 촘스키도 물론 같은 사람이다. 또한 언어를 분석하는 예리한 안목을 갖춘 사람이란 점도 마찬가지이다. 다만 그 대상 언어가 전혀 다르다. 이론적 언어학을 주도하는 촘스키가 추상적인 언어모델들을 놓고 이론을 만들어낸다면, 후자의 촘스키는 현실에 범람하고 쏟아지는 언어들과 전면 대응한다. 특히 권력의 언어, 언어를 통해 권력을 유지하는 미국의 제도권 언론과 정치인, 주류세력의 언어를 공격하는 것이 이 또 다른 촘스키, 정치평론가이자 진보적 지식인으로서 촘스키가 스스로 택한 사명이다.

대부분의 미국인들은 매우 민감하고 불편한 문제들로 여기며 잘 거론하려 들지 않는 것들을 촘스키는 굳이 끄집어낸다. 그러한 활동은 상식과 정의의 '문법'에 벗어나는, 미국의 옳지 못한 행동을 시정하려는 언어학자로서 당연한 실천인가? 대부분의 언어학자들은 그런 방향으로 촘스키가 간 길을 따라가기를 주저하는 것을 보면 이는 분명히 촘스키의 깊은 신념과 확신의 반영으로 봐야 할 것이다. 아무튼, 촘스키는 미국의 제도권이 듣기 싫어하는 얘기들을 서슴없이 설파한다. 가령 아래에 발췌해 놓은 대목은 미국의 1차 이라크 전쟁(또는 침공)을 배경으로, 이라크에 대한 서방측 자료를 인용하며 그것을 통해 진실을 밝히려 한다. 말하자면 '남의 말'이 내 말을 대신 하도록 하는 전략을 사용하고 있다.

【텍스트】

Horrifying and brutal as Saddam Hussein's regime was, he nevertheless did direct oil profits to internal development. "A tyrant, at the head of a regime that has turned violence into an instrument of state," with a "hideous human rights record," he nevertheless "had hoisted half the country's population into the middle class, and Arabs the world over ... came to study at Iraqi universities." The 1991 war, involving the purposeful destruction of water, power, and sewage systems, took a terrible toll, and the sanctions regime imposed by the US and UK drove the country to the level of bare survival. As one illustration, UNICEF's 2003 Report on the State of the World's Children states that "Iraq' s regression over the past decade is by far the most severe of the 193 countries surveyed," with the child death rate, "the best single indicator of child welfare," increasing from 50 to 133 per 1,000 live births, placing Iraq below every country outside Africa apart from Cambodia and Afghanistan. Two hawkish military analysts observe that "economic sanctions may well have been a necessary cause of the deaths of more people in Iraq than have been slain by all so-called weapons of mass destruction throughout history," in the hundreds of thousands according to conservative estimates.

어휘

* Horrifying as X was, 비록 X가 끔찍하긴 했으나 * tyrant 폭군 * hideous 흉측한 * hoisted 깃발을 올리다, 끌어올리다 * purposeful 목적이 분명한, 의도적인 * water, power, and sewage systems 상수도, 전력, 하수도 체제 * took a toll 희생자, 사상자를 내다 * sanctions regime (경제적) 제재 * decade 10년 * by far 비교가 되지 않을 정도로 * apart from 제외하면 * hawkish 호전적인, 주전파 * slain 살해당한 * conservative estimates 보수적인(즉, 깎아 잡은) 견적, 평가

【분석】

촘스키처럼 정치적인 입장이 분명하고 그것이 널리 알려진 사상가가 미국의 정책을 비판하는 발언을 할 때, 순전히 자기 말로만 비판을 하면 듣는 사람은, '또 그 얘기군. 저 영감은 늘 같은 소리야' 하며 시큰둥한 반응을 보일 가능성이 크다. 좋은 얘기도 한 두 번 들어야지 자꾸 들으면 질리는 법. 어디 그 뿐인가. 촘스키의 입을 막거나 반박을 하고 싶어 하는 숱한 적들이 사방에 널려 있다. 이라크 전쟁/침공을 통해 이런저런 이득을 보는 세력들, 이들은 돈과 권력과 언론을 장악하고 있기에 이들의 입장을 대변하는 대리

인들은 얼마든지 고용할 수 있다. 이렇듯 일당백, 아니 일당 수백만의 싸움에 나서는 촘스키의 전략은 어떠해야 할 것인가. 그것은 의외로 간단하다. 내 말이 아니라 '남의 말'을 갖다써서, 남의 말이, 때로는 적의 말이 곧 내 말을 대변하도록 하는 것이다. 자신을 반박하려 드는 적에게, '이거 봐, 그건 내 말이 아니라 당신의 말이야, 왜 그래?' 라고 하면, 아주 간편하게 상대방을 제압할 수 있기 때문이다. 또한 자신에게 호의적인 편인 독자들에게도 다양하고 구체적인 새로운 사실을 제시하므로, 설득의 힘을 강화할 수 있을 것이다.

그래서 첫 문장의 첫 표현은 '적'들이 즐겨 쓰는 표현을 이번에는 인용부호 없이 사용한다.

사담 후세인 정권은 끔찍하고 야만적이다

는 발언은 어느 한 출처를 밝힐 필요도 없이 사방에서 끝없이 들리는 통념인 까닭이다. 이것을 먼저 인정하므로 상대방의 경계를 느슨하게 만들었다. 그렇지만, 이것은 '양보'의 제스처일 뿐, 곧 촘스키의 공세가 시작된다. 그렇다면,

끔찍한 정권이긴 하지만, 사회의 발전에 석유판매 이익을 사용한 것도 사실이다

이것이 촘스키가 주장하려는 논지인가? 만약 그렇다면 이를 뒷받침할 다양하고 구체적인 사료들을 제시해야 한다. 그런데 다음 문장은 이와 유사한 형태의 발언을 인용부호를 달고 '남의 말'로 대신하고 있다. 출처는 (원문에서는 각주로 밝히고 있듯이) 한 제도권 신문의 기사이다. '폭군'이긴 하지만, 다수 국민의 삶의 질을 끌어올린 폭군이라는 이 발언은 첫 문장의 주장에 대한 반론에 대한 충분한 대답은 아니다. 말하자면,

적: 뭐요? 증거를 들어보시오!

라는 질문에 구체적인 수치는 제시하지 않고 대략적인 수치("half the country's population")만을 제시했다. 그 이유는 이러한 역사적 사실 자체가 지금 이 문단의 핵심적인 논제가 아니기 때문이다. 또한 이러한 사실은 어느 정도 반대쪽도 인정을 할 만한 주장으로 생각하기 때문이다.

아무튼 여기까지는 예비단계이다. 지금 이라크 전문가들과 사담 후세인 정권의 공과를 놓고 논쟁을 벌이는 판이 아니기 때문이다. 본격적인 싸움은 이제부터 시작이다. 논제는 후세인 정권의 사회정책이 아니다. 세 번째 문장의 주어가 명명한 이라크 전쟁, 그리고 곧 "involving … " 이하

삽입 부분에서 그 실상을 구체화한 민간시설의 파괴가 이 문단의 논제이다. 군인끼리 죽이는 차원의 전쟁이 아니라 의도적으로 민간인의 생활시설을 파괴한 이 전쟁 때문에 엄청난 희생자들이 발생했다고 촘스키는 주장한다. 반론이 없을 수 없다.

> 적: 그거야 할 수 없지, 전쟁이란 게 다 그런 거 아니요? 촘스키 교수, 당신, 아마 군대도 안 갔다 왔나본데 …

저자는 이러한 반론을 던질 틈을 주지 않는다. 세 번째 문장에서 "… took a terrible toll, and the sanctions regime …"으로 이어지는 대목의 '쉼표 + and'는 단순한 첨가가 아니라 강조의 효과를 내고 있다. 즉, "not only that, but also," 또는 "moreover" 같은 의미를 품고 있다.

> 어디 전쟁뿐인가, 그 이후 이어진 경제도 마찬가지이지!

이렇게 문장을 이어가며 반론을 제기하려는 독자의 발언권을 묵살해 버렸다.

자, 이제 드디어 논제와 논지가 다 들어났다. 논제는 '미국과 영국의 이라크 침공 및 이어진 경제제재', 논지는 '그러한 전쟁과 제재가 그 전에 후세인 정권이 이룩했던 삶의 질을 처참하게 낮춰 놓았다'이다. 따라서 진짜 끔직하고 야만적인은 것은 후세인이 아니라 미국과 영국이라는 추론이 불가피해졌다.

물론, 증거가 결정적으로 필요한 대목이다. 그 증거는 두 단계로 제시된다. 첫 번째는 중립적인 입장의 발언, 두 번째는 아예 적대적인 입장의 발언이 인용된다. 중립적인 입장은 유엔의 산하기관인 유니세프, 국제아동기금의 보고서이다. 이들이 객관적으로 조사한 바에 의하면 영아사망률이 전쟁과 이어진 제재 기간에 엄청나게 늘어났다. 이를 반박할 또 다른 대항 자료가 없는 한, 촘스키의 논지를 받아들이지 않을 수 없다. 두 번째 증거는 '승리를 굳히는' 결정타이다. 전쟁 선동이 장기인 호전적인 전문가들조차, 경제제재가 핵무기 같은 대량살상 무기로 이제껏 인류 역사상 죽은 사람보다 더 많은 사람을 죽였다는 점을 시인하고 있다.

아마 원래 맥락에서는 이런 발언 전후에 이라크 전쟁을 옹호하는 다른 발언들이 있었을 것이나, 논쟁적인 글에서는 이렇듯 원래 맥락을 과감히 무시하고 자신에게 유리한 말만을 뽑아내는 인용이 자주 등장한다.

이 마지막 문장은 앞의 Part 1에서 논의한 문단의 중요성과 속성을 극명히 보여주는 좋은 예이다. 가령 원래 문단에서 이 발언은 다음과 같은 맥락에서 등장했을 법하다.

문장 1: 소위 경제제재가 평화적인 수단이라는 일부 주장은 전혀 근거 없다.
문장 2: 위에 인용된 문장 (경제제재가 엄청난 죽음의 원인이다)
문장 3: 그렇다면 오히려 전쟁으로 말끔히 정권을 교체하는 편이 더 낫다.

그런데 촘스키의 맥락은 (쉽게 요약하자면) 똑같은 문장을 전혀 다른 방식으로 인용해서 사용한다.

문장 1: 후세인이 나쁜 정권이긴 해도, 어느 정도 사회발전을 이룩했었다.
문장 2: 그런데 전쟁과 경제제재로 이라크가 그간 성취했던 사회복지가 완전히 파괴됐다.
문장 3: 위에 인용된 문장

문단은 이렇듯 문장의 전략적인 배치이다. 바로 그렇기 때문에 문단을 짓는 것은 단순히 글을 쓰는 것이 아니라 '글을 조합하고 만든다'는 의미에서 "composition"이라고 하는 것이다.

N

언제까지 기다리란 말인가?

Martin Luther King, Jr.

【소개】

미국의 흑인 인권 운동가 마틴 루터 킹(Martin Luther King, Jr. 1929 ~ 1968) 목사는 새삼 소개할 필요가 없을 정도로 유명한 인물이다. 미국에서 그를 기념하는 'Martin Luther King Jr. Day'가 미국 연방 공휴일로 제정되었을 정도로 킹 목사는 오늘날 미국의 정체성과 정신을 상징하는 인물 중 한 사람으로 추앙받는다. 하지만 여전히 그의 암살에 대한 음모설이 끊이지 않고 있고 무엇보다도 그가 평생을 받쳐 투쟁한 미국의 흑백 평등은 실질적으로는 크게 진전된 바 없다. 여전히 흑인들은 사회 최하위 계층을 형성하며 범죄와 가난을 물려주고 물려받고 있다.

그러한 현실에서 킹 목사를 기리는 공휴일을 제정한 것은 일종의 위선으로도 보인다.

이렇듯 긍정적인 의미에서나 부정적인 의미에서나 이제는 하나의 '전설적인 인물'로 승화된 킹 목사의 대표적인 연설은 "I Have a Dream"이다. 흑백 민권 운동가들을 거느리고 워싱턴으로 행진한 후, 군중과 언론의 카메라가 지켜보는 가운데 멋진 연설을 하는 킹 목사의 모습을 아마 이 책의 독자들이라면 한두 번 텔레비전 다큐멘터리에서 봤을 법하다. 그런데 여기에 발췌한 글은 이 유명한 연설문의 일부가 아니다. "I Have a Dream"은 논리보다는 그야말로 '감동'과 '영감'을 불러일으키는 게 목적인 시적이며 종교적인 대중적 수사법의 전형적인 예를 보여준다. 말 그대로 "I have a dream …"을 반복하며 미래의 원대한 비전을 제시하는, 그야말로 목사님다운 수사법의 결정체라고 할 수 있다.

그런데 문제는 동료 목사들이다. 이러한 킹 목사의 민권 운동과 인종차별 폐지 운동을 곱지 않게 보는 숱한 백인 목사들, 정치적인 참여 자체가 종교인의 몫이 아니라고 생각하는 보수적인 종교인들, 이들을 설득하는 것은 훨씬 더 만만치 않은 과제이다. 아래에 발췌한 글은 바로 이들, 동료 종교인들에게 킹 목사가 자신의 사상과 실천을 옹호하고 변호하는 옥중서신의 일부이다. 제목 자체가 "버밍엄 감옥에 보낸 편지"(Letter from Birmingham Jail)이니, 한편으로는 본인이 지금 겪고 있는 고초에 대한 의미 부여이기도 하고, 다른 한편, 특히 이 글이 설정한 독자가 동료 목사들이기에, 마치 사도 바울의 「빌립보서」 같은 옥중서신을 연상시키는 제목이기도 하다. 킹처럼 신앙과 소신을 따라 선교여행을 다니던 바울은 로마로 압송되어 로마감옥에 갇혀 있다 순교 당했다. 바울과는 달리 킹 목사는 버밍엄 감옥에서 석방되어 민권 투쟁을 계속할 수 있었으나 결국 총탄을 맞고 39세에 생애를 마감한 '순교자'였다. 그렇다면 대부분의 목사들은 자신과 달리 험한 고난의 길을 가거나 현실의 모순과 싸우려 들지 않는 형편에서, 킹 목사는 어떻게 이들 앞에서 자신의 입장을 변호하고 있는가?

【텍스트】

One of the basic points in your [fellow religious leaders in Alabama] statement is that the action that I and my associates have taken in Birmingham is untimely. Some have asked: " Why didn't you give the new city administration time to act?" The only answer that I can give to this query is that the new Birmingham administration must be prodded about as much as the outgoing one, before it will act. My friends, I must say to you that we have not made a single gain in civil rights without determined legal and nonviolent pressure. Lamentably, it is an historical fact that privileged groups seldom give up their privileges voluntarily. Individuals may see the moral light and voluntarily give up their unjust posture; but, as Reinhold Niebuhr [American theologian, 1892~1971] has reminded us, groups tend to be more immoral than individuals. We know through painful experience that freedom is never voluntarily given by the oppressor; it must be demanded by the oppressed. Frankly, I have yet to engage in a direct-action campaign that was "well-timed" in the view of those who have heard the word "Wait!" It rings in the ear of every Negro with piercing familiarity. This "Wait" has almost always meant "Never." We must come to see, with one of our distinguished jurists, that "justice too long delayed is justice denied." (원문 일부편집)

어휘

* untimely 시기가 맞지 않다 * city administration 시 정부 * query 질문 * prod about 쑤셔대다, 성가시게 하다 * outgoing

임기가 끝나서 떠나는 ＊determined 단호한 ＊lamentably 통탄하게도 ＊privileged groups 특권을 누리는 집단 ＊seldom (거의) 안 하다 ＊voluntarily 자발적으로 ＊posture 태도, 자세 ＊with piercing familiarity 귀가 따가울 정도로 익히 들은 ＊jurists 법학자.

【분석】

킹은 공개적인 서신의 형태로 이 글을 썼기 때문에 수신자를 구체적으로 명명하고 이들의 주장에 대한 답변의 형식을 취하고 있다. 수신자는 누구인가. 인종차별이 가장 극심한 주에 속하는 앨라배마의 여러 도시들에서 킹 목사가 주도하는 민권운동이 전개되자 이 주의 종교지도자들이 성명서를 발표했다. 성명서는 이런 경우에 늘 듣게 되는 '양비론' 이다. 정부도 잘못이고 운동권도 잘못이니 피차 자제하라. 특히 킹 목사가 지금 갇혀있는 도시 버밍엄 시의 새 시장이 뽑혔으니 이 사람에게 기대를 해보는 게 순서 아니겠는가. 이런 논리를 펴는 보수 종교인들과 킹은 논쟁을 벌인다. 따라서 결국 행동의 시간, 즉, '기다릴 것인가 말 것인가' , 이것이 이 글의 논제이다.

킹의 논지는 물론 지금이 행동할 때이며 '기다릴 수 없다' 는 것이다. 첫 두 문장은 상대방의 주장을 요약함으로 써, 논제를 소개한다. 지금 킹 목사의 행동이 시기상조라는 이들의 주장을 먼저 인용까지 하며 제시했다. 그 다음부터는 여기에 대한 반론이 이어질 차례이다. 셋째 문장은, 바로 앞 문장의 주장을 반박한다.

> 새 정부가 행동할 시간을 주지, 왜 그리 성급해요!

이러한 주장이 타당하려면 한 가지 전제가 성립해야 한다. 즉, '새 정부는 이전 정부와는 다를 것이다' 라는 전제를 받아들여야 한다. 하지만 이러한 전제를 킹 목사는 받아들일 수 없음을 분명히 밝힌다. 이 정부도 그 전 정부와 마찬가지로 끝없이 외치고 쑤셔대고 시위하며 괴롭히지 않으면 요지부동일 것이라고 보기 때문이다.

킹 목사의 이러한 주장에 대한 반론이 제기되지 않을 수 없다. 즉,

> 이거 보시오, 킹 목사, 당신이 무슨 점쟁이요? 이제 갓 출범한 정부인데, 그걸 어찌 아시오?

분명히 그렇다. 킹 목사가 (다른 목사, 신부 등 동료 종교인들과 마찬가지로) 점쟁이는 아니다. 버밍엄 시의 정치적 내막에 정통한 지방행정 전문가도 아니다. 또한 이 편지글

이 상정한 독자들도 이 점에서는 마찬가지이다. 지금 기술적인 문제를 서로 거론해봤자 그 누구도 상대를 설득하는 데는 한계가 있다. 킹 목사의 대답은 미래에 대한 예측이 아니라 과거의 경험이다. 그것도 자신의 경험. 자기가 겪어 본 바에 비춰볼 때, 새 정부도 별 다를 게 없다는 판단은 막연한 미래의 예측보다는 좀 더 설득력 있는 명제이다. 이제껏 성취한 미미한 운동의 성과들이 단 하나도 단호하게, 그러나 합법적으로 투쟁하지 않았으면 얻어낼 수 없었을 것이라는 말을 하며 굳이 "determined legal and nonviolent"이란 표현을 강조했다. 이것은 말하자면 다음과 같은 반론을 예상하고 거기에 대한 답변을 해준 셈이다.

> 새 정부를 괴롭히겠다고? 불법 폭력 시위를 통해? 당신, 목사 맞아?

이같은 반론을 미리 잠재우기 위해, '우리의 행동 방식은 단호하지만 합법적이고 비폭력적이다'는 점을 강조했다.

그래도 반론의 여지는 여전히 적지 않다. 말하자면 다음과 같은 반론이 가능하다.

> 킹 목사, 당신 개인의 경험이 유일한 증거라면, 그건 좀 곤란한 것 아니요? 다른 운동가들의 경험이

나 기타 역사적인 예들이 얼마든지 당신의 경우와 다를 수 있는데 당신의 경험을 그렇게 일반화할 수 있는 것인가?

상대는 만만한 사람들이 아니다. 신학과 역사와 철학에 정통한 교계의 지도자들이다. 이들에게 대항하는 킹 목사의 전략은 이들이 누구나 존경하는 신학자의 발언을 인용하는 것이다.

당신들이 다들 존경하는 라인홀드 니버, 바로 그 분의 말대로, 집단은 개인보다 부도덕하오. 따라서 자발적으로 집단이 자신이 누리고 있는 특권을 포기하는 경우는 없소.

이러한 논리를 통해 위의 반론을 어느 정도 잠재웠다. 그러나 킹 목사는 지금 신학자로서 발언하는 것이 아니다. 어디 상황이 그리 한가한가. 매일 폭력을 휘두르는 백인 경찰과 싸우며, 킹 목사 본인이 목숨의 위험을 끊임없이 느끼고 있는 처지인데다, 현재는 감옥에까지 갇혀 있는데? 다시 킹 목사는 본인의 경험을 논거로 삼는다.

We know through painful experience that freedom is ... by the oppressed

이 문장은 다음과 같은 반론에 대한 대답이기도 하다.

> 라인홀드 니버의 말씀이야 옳지만, 그 분이 당신보고 길거리에 나가서 시위나 선동하라고 그랬다는 거요 뭐요?

다만, 이제는 킹 목사 개인만의 경험이 아니다. 킹이 대변하는 모든 피억압자들, 특히 미국의 흑인들의 경험을 근거로 삼았다. 압제자들이 절대로 자발적으로 자유를 선사하지 않는다는 점, 압제자의 선의를 기대하고 '기다리라'는 말은 사실상 행동하지 말라는 것이나 마찬가지임을 뼈아픈 집단적 경험을 통해 알고 있다는 대답으로 반대의 목소리에 맞섰다. 마지막 문장에서 '정의란 지연되면 안 된다'는 발언은 일종의 장식으로 인용했다. 결정적인 논쟁은 그 앞 문장에서 마무리됐다.

이상을 대화의 형태로 요약하면 다음과 같다. 편의상 킹 목사의 반대편을 '적'으로 명명하자.

> 적: 지금 행동하는 건 시기상조야. 새 정부가 들어섰으니 기다려보지.
>
> 킹: 무슨 소리. 새 정부도 그 전 정부나 똑같을 거

야. 계속 들쑤셔야 해.

적: 당신이 그걸 어떻게 알아? 앞으로 벌어질 일인데?

킹: 내가 그간 겪은 경험에 비춰볼 때 그렇다는 거야. 나, 산전수전 다 겪은 사람이거든.

적: 자신의 경험을 일반화하지 마시지. 세상이 그리 단순한가, 어디?

킹: 이거 봐, 그게 내 경험에 불과하다고? 역사가 그래. 또한 니버 선생님 말씀도 그렇고. 집단이 알아서 도덕적으로 행동하는 경우가 있어?

적: 니버 선생님 말씀이야 옳지만, 이게 어디 그 분을 지금 끌어들일 정황인가? 언제 그 분이 당신 보고 데모나 하라고 했나? 나 원 참!

킹: 나 뿐 아니라 역사적으로 볼 때 모든 피 압제자의 경험이 그렇다는 거야. 특히, 우리 흑인들, 말 안 해도 잘 알지? 우리가 겪은 역사가 어떠한지?

적: 그거야 … 알지만 …

킹: 우리 흑인들의 경험에 비춰볼 때, '기다리라'는 말은 허위야. 하지 말라는 거나 마찬가지라고.

이렇듯 문장과 문장 사이에, 또는 그 안에서 벌어지는 '논쟁'을 읽어내는 것이 소위 'read between the lines' 의 참 뜻이다. '행간' 을 읽어내지 못하면 제대로 독해를 했다고 하기 어려운 이유도 이 지문이 잘 보여준다.

O

'우리나라'보다는 '내 친구'

E. M. Forster

【소개】

20세기 초 영국의 소설가 E. M. 포스터(Forster, 1879~1970)는 아마 우리나라에서는 데이비드 린(David Lean) 감독의 「인도로 가는 길」(*A Passage to India*) 영화의 원작자로 주로 알려져 있을 것이다. 식민지 시절 인도에서 백인 여성과 인도 남성간의 스캔들을 다룬 이 소설이 당시 영국 독자들에게는 사뭇 과감하고 신선한 시도로 다가왔다. 반면에 오늘날의 독자들이나 인도 사람들에게는 여전히 영국적인, 백인적인 편견과 편향에서 벗어나지 못한 작품으로 인식될 여지가 많다. 포스터 본인의 의도는 인종 문제보다도 인간 개인의 도덕적 판단과 결정을 탐구하는 것이었다. 그러나 과연 개인은 순수하게 개인으로 존재할 수 있는가? 인종과 사회와 국가와 처지와 형편과 무관하게 '개인'(person)은 개인적 관계(personal relationship)를 만들어가고 유지할 수 있는가? 『인도로 가는 길』도 그렇지만 아래에 발췌한 포스터의 에세이, 「내가 믿는 바」("What I Believe")의 한 대목도 같은 논제를 다루고 있다. 포스터는 소설가로서도 명성을 얻었으나 수필가로서도 (어떤 면에서 이 후자 쪽으로 더) 솜씨가 좋았다. 포스터를 읽는 재미는 개별 문장과 표현을 감상하는 재미도 한 축을 이루겠지만, 문장끼리 연결되는 '숨겨진 논쟁 내지는 대화'를 읽어내는 재미임을 잊지 말자. 게다가, 이런 논쟁 내지는 대화가 위에 나온 킹 목사의 글과는 달리, 함축적이고 복합적이다. 그만큼 독해가 어려울 수도 있으나 또한 재미도 크다. 자, 그럼, 포스터를 만나보시길!

(아래 글에서 거론하는 단테, 브루투스, 카이사르 등을 혹시 모르는 독자라면, 아주 간략히, 이렇게 이해하면 될 것이다. 단테는 이탈리아 피렌체 출신 13 ~ 14 세기 시인으로 『신곡』을 쓴 대시인이다. 『신곡』 중에서도 백미는 첫 부분인 『지옥』으로, 시인이 지옥을 탐방하는 도중에 드러나는 것은, 단테 본인이 미워하는 순서로 망자들을 지옥의 가장 낮고 험한 곳에다 배치해 놓은 패턴이다. 단테는 피렌체 출신이면서도 젊은 날 정치적인 암투와 배반에 희생당

한 후 평생 피렌체에서 추방된 망명객 신세로 살다가 객지에서 죽었다. 본인 스스로 정치적 배반의 희생자로서 평생 원한에 사로잡혀 살았던 터라, 율리우스 카이사르를 배반한 측근들인 브루투스, 카시우스 등을 지옥에서도 아주 심한 쪽에다 던져놓았던 것.)

【텍스트】

Personal relations are despised today. They are regarded as bourgeois luxuries, as products of a time of fair weather which is now past, and we are urged to get rid of them, and to dedicate ourselves to some movement or cause instead. I hate the idea of causes, and if I had to choose between betraying my country and betraying my friend I hope I should have the guts to betray my country. Such a choice may scandalize the modern reader, and he may stretch out his patriotic hand to the telephone at once and ring up the police. It would not have shocked Dante, though. Dante places Brutus and Cassius in the lowest circle of Hell because they had chosen to betray their friend Julius Caesar rather than their country Rome. Probably one will not be asked to make such an agonizing choice. Still, there lies at the back of every creed something terrible and hard for which the worshipper may one day be required to suffer, and there is a terror and a hardness even in this creed of personal relationships, urbane and mild though it sounds. Love and loyalty to an individual can run counter to the claims of the State. When they do–down with the State, say I, which means that the State would down me.

어휘

* despise 경멸하다 * fair weather 맑은 날씨 (한가한 시절) * urge 촉구하다 * dedicate oneself to 헌신하다 * cause 대의명문, 정치적 이상 * have the guts to 용기가 있다 * scandalize 분개하게 하다 * ring up 전화를 걸다 * agonizing 고통스런, 곤혹스런 * creed 신조, 신념 * urbane 도회풍의, 세련된 * run counter to 정반대로 달리다, 어긋나다 * down with 물러가라!

【분석】

포스터의 글도 앞의 킹이나 촘스키의 글과 마찬가지로 사실상은 상당히 논쟁적인 글이기에, 먼저 '적'의 입장을 규명한 후, 여기에 대한 반격의 차비를 갖춘다. '적'은 누구인가? 여기서는 특정 개인이나 집단이라기보다는 당대의 보편적이며 일반적인 통념 내지는 '이데올로기'이다. 그러한 통념, 말하자면 20세기적인 통념에 의하면, '개인적 관계'란 것은 구시대의 산물이며 오늘날에는 맞지 않는 발상이기에 이를 버려야 하고, 대신 집단적, 정치적, 사회적 명분을 추구하는 운동에 헌신하는 것이 옳다. 그런데 포스터 본인은 그렇게 생각하지 않는다. 따라서 자기가 좋아하는 'personal relations'에 대한 험담을 그대로 갖다 쓴 것은 일종의 간접적인 인용이라고 볼 수 있다. 즉, 두 번째 문장은 다음과 같이 인용부호가 들어가 있는 효과를 노린다.

> They are regarded as "bourgeois luxuries," as products of a "time of fair weather" which is ... instead.

그렇다면 왜 인용부호를 쓰지 않았을까? 너무 직접적이고 너무 대립적이기 때문이다. 남의 말, 아니 적의 말이기도 하지만, 어느 정도 나도 무시할 수 없는 '요즘 누구건 쓰는 말'이기에, 이것은 그대로 사용하면서도 자신의 입장을 그 속에서 차별화시키고자 한다. 이러한 이중성, 동시성, 즉 '아이러니'(irony)가 포스터의 문체의 묘미이자 난해함이기도 하다. 아이러니는 적과의 싸움을 전면적으로 벌이기가 쉽지 않을 때 유효하다. 만약 인용부호를 사용해서 자신은 거부하는 '남의 표현'임을 분명히 밝혔다면, 다음과 같은 반론에 즉각 봉착한다.

> 적: 정확히 누가 그런 표현을 쓴단 말이요? 또, 그런 표현이 싫다면, 당신은 그걸 뭐라고 규정하겠소?'

반면에 인용부호를 사용하지 않고 애매하게 남겨뒀기에, 이와 같은 질문이 나온다 해도, '아니 누가 뭐래? 내가 언제 그게 부르주아적 사치가 아니랬나?' 라고 하며, 일단 적의 공격을 피할 수 있다. 오히려 "we are urged … dedicate ourselves to some movement or cause instead"에서는 인용부호가 없을 뿐더러 겉으로는 전혀 반대의사가 담겨 있지 않은 듯한 중립적이며 ("dedicate" 처럼) 긍정적이기까지 한 표현들을 길게 사용하고 있기에 글쓴이의 입장이 별로 적대적이지 않다는 생각까지 할 것이다. 여기까지 읽은 독자는 말하자면,

> 그거 옳은 말씀! 바로 그래야 해! 대를 위해 소를 희생해야지, 암!

하고 고개를 끄덕거리며 흡족해할 수 있다.

하지만 바로 이렇게 적의 긴장을 풀어준 다음, 저자는 즉시 비수를 꽂는다. 대의명분 자체를 "hate"한다고? 깜짝 놀란 독자가 정신을 수습하기도 전에, 연이어 '친구를 배반

하느니 내 나라를 배반하겠다'는 폭탄선언을 적진에 던졌다. '적'은 그야말로 뒤통수를 맞았으니 분격하지 않을 수 없는 터,

> 적: 뭐야? 저런 나쁜 놈! 저 자를 당장 …!

그러나 포스터는 태연하다. 바로 이런 반응이 나올 걸 충분히 예상한 터라,

> 물론 분개하겠지, 그럴 줄 알았어, 어디, 어서 경찰서에 신고라도 하시지 그래?

하며 조롱조로 말을 이어간다. 특히 조롱기가 담긴 표현은 "stretch out his patriotic hand … police"로, 손이 '애국적'이란 것이 부적절한 표현이니, 기껏해야 경찰에 고자질이나 하는 것이 '애국심'의 표현이냐는 비난이 담겨 있다.

하지만 이렇게 상대방을 놀리는 데만 머문다면 적대적인 독자를 설득하고 제압하는 데는 한계가 있다. 감정보다는 이성에 호소하는 쪽이 보다 더 큰 효과를 내기 마련이기 때문이다. 그래서 그 다음 단계에서는 좀 더 심각하고, 진지하고, 학술적인 공세가 이어진다. 말하자면, "It would not have shocked Dante, though” 문장에 깔린 어조는,

> 당신, 단테 혹시 읽었나?

이다. 안 읽었거나 잘 모르는 독자라면 ‘기가 죽을’ 수밖에 없다. 이어지는 문장은

> 비단 나만 그런 게 아니라 대 문호 단테도 똑같이 생각했네, 이 사람아!

의 의미를 함축한다. 위의 킹 목사 글에서 라인홀드 니버 목사를 거론한 것과 유사한 전략이다. 그러나 반론도 만만치 않다.

> 적: 그렇다면 친구를 저버린 자가 나라를 저버린 자보다 더 나쁘다? 아니, 당신이 무슨 브루투스나 줄리어스 시저야? 글쟁이 주제에!

그래서 일단 “Probably one … agonizing choice”에서는 전략적으로 한 발 물러섰다. 물론, 나나 당신이나 시저나 브루투스는 아님을 시인했다. 그러나 이것은 순전히 재 반격을 위한 후퇴일 뿐. 오히려 반론의 입장을 일부 취

한 후 자신의 논지를 강화한다. 이것은 두 단계로 이어진다. 먼저,

> (1) 우리가 그렇게 극적인 상황에는 처하지 않겠지만, 신조란 것 자체가 어딘가 무시무시한 면이 있고 따라서 신조를 따르라고 하는 것은 상당한 위험성을 수반한다.

는 주장을 첫 번째 절에 담았다. 하지만, 이 단계에서 여기에 대한 반론의 여지가 노출되었다. 즉,

> 적: 그럼 당신이 추천하는 '개인적 관계'니 친구한테 충성하는 것인지 뭔지는 신조가 아닌가? 그건 그럼 안 위험해?'

그래서 "and there is … it sounds"를 연달아 붙여놓아서, 상대방의 말문을 막았다. 따라서 이때의 "and"는 'and of course' 정도의 의미를 갖는다고 봐야 한다. 여기에 근거해서 마지막 두 문장은 이 위험성이 얼마나 큰 것인지, 경찰에게 전화나 해 대는 정도의 차원과는 다른 것임을 선언하는 '영웅적' 차원임을 주장한다. 개인에게 충성하다 보면 국가와 정면으로 맞설 위험성을 수반한다. 그럴 경우 나는 과감히 국가와 싸우겠다. 그 대가로 국가가 나를

파괴한다고 해도.

물론 이것이 이 문단의 논지는 아니다. 논지는 '개인에 대한 충성이 국가에 대한 충성보다 더 중요하다'는 것이다. 그렇다면 이 논지가 체계적으로 입증되었는가? 꼭 그렇다고 볼 수는 없다. 보다 논쟁적인 문단이라면, 대략 다음과 같은 구도로 전개될 것이다.

문장 1: 개인적 관계나 개인에 대한 충성을 부정적으로 보고 국가나 집단에 대한 헌신을 중시하는 것이 요즘의 추세이다.

문장 2: 나는 이러한 추세에 반대한다. 왜냐하면 국가나 집단에 대한 충성은 항상 폭력성을 수반하기 때문이다.

문장 3: 가령 전쟁은 개인병사의 희생을 강요한다.

문장 4: 정치운동이나 혁명도 이 점에서는 마찬가지이다.

문장 5: 물론 개인적 관계에서도 이런 위험성이 없는 것은 아니다.

문장 6: 하지만 그것은 적어도 개인의 확고한 신념과 선택이란 점에서 집단에 함몰되는 것과는 차원이 다르다.

하지만 포스터가 이 문단을 전개한 방식은 이와는 전혀 다르다. 말하자면 이러한 전면 논쟁을 피하고 간접적으로, 또는 복합적으로, 자신의 논지를 관철시켰다. 즉, 논지를 갑자기 툭 던지므로 상대방의 '허를 찌르는' 직설성, 상대방을 조롱하는 풍자성, 단테를 거론하는 등의 우회전략, 영웅적인 어조로 마감 등, 다양한 요소들을 자유롭게 배합하며 글을 전개했다. 바로 이런 점에서 이 문단은 (논쟁적인 규범에서 상대적으로 자유로운) 전형적인 '수필'의 모습을 보여주고 있고, 그만큼 더 '문학적'인 글이라고 할 수 있다.

P

의인이 있을 곳은 감옥이다

Henry David Thoreau

【소개】

미국은 개국 당시부터 두 가지 상반된 면모를 갖고 있었다. 첫째는 자유와 평등, 정의 등 고매한 가치를 실현할 사명을 부여받은 신대륙의 새로운 이상국가가 되겠다는 포부를 품은 나라. 이러한 도덕적 이상주의의 중심부는 청교도들이 건너와서 세운 뉴잉글랜드, 특히 하버드 대학을 중심으로 형성된 보스턴-케임브리지 지역이다. 그러나 또 다른 미국이 있다. 돈을 벌기 위해 물불을 가리지 않고, 원주민을 학살하고 노예들을 사다 대규모 농장에서 채찍질을 해대며 부려먹는 미국. 말보다는 총이 앞서는 총잡이들의 나라. 이 두 미국 사이의 공통점은 영국에 뿌리를 둔 이민자들로서 같은 언어를 사용한다는 점 외에는(사실 말씨도 뉴잉글랜드와 나머지 지역이 다소 다르다) 거의 없다고 할 정도로, 모순의 골은 깊다. 그러한 모순의 핵심을 건드리는 지식인들은 예나 지금이나 보스턴 지역에 거점을 두고 있다. 앞서 살펴본 MIT 대학의 촘스키가 그러했고, 19세기 중반, 소신과 신념을 위해 감옥살이까지 마다하지 않은 소로(Henry David Thoreau, 1817~1862)도 그러하다.

매사추세츠 주 콩코드(Concord)에서 태어나서 하버드에서 교육받은 소로는 미국의 대표적인 사상가로 추앙받는다. 그의 사상의 핵심은 무엇인가? 한 마디로 개인적인 양심과 소신을 따라 사는 용기라고 할 수 있다. 하지만 소로가 존경받는 이유는 그가 이러한 소신을 몸소 실천했다는 점이다. 그는 단순히 글로만, 말로만 자신의 사상을 표현한 것이 아니다. '본질적인 삶'을 체험하고 실천하기 위해 홀로 월든(Walden) 호수에서 자연을 벗 삼아 살기도 했고, 정부가 자신이 볼 때 옳지 않은 일을 할 때 세금 내기를 거부하다 옥살이를 하기도 했다. 여기에 발췌한 글은 바로 이 후자의 체험을 하며 쓴 「시민 불복종」("Civil Disobedience")의 한 대목이다. 배경이 되는 사건은, 미국이 1846~47에 멕시코에서 전쟁을 벌여서 텍사스를 빼앗아 오느라 바쁠 때이다. 미국의 국토를 넓히는 일이니 미국인이라면 누구나 환영했을까? 그렇지만은 않았다. 뉴잉글랜드 지식인들은 이를 남부의 노예제도를 텍사스 및 서부에까지 확산시키려는 시도로 규정하고 목소리를 높여 반대했다. 소로는 세금을 거부하는 것으로 구체적인 저항을 행동에 옮겼다. 국가는 소로를 투옥시켰으나 그의 소신을 꺾을 수는 없었다. 그렇다면 소로의 논리는 과연 어떤 것일까? 이런 배경을 염두에 두고 아래 글을 읽어보자.

【텍스트】

Under a government which imprisons any unjustly, the true place for a just man is also a prison. The proper place to-day, the only place which Massachusetts has provided for her freer and less desponding spirits, is in her prisons, to be put out and locked out of the State by her own act, as they have already put themselves out by their principles. It is there that the fugitive slave, and the Mexican prisoner on parole, and the Indian come to plead the wrongs of his race, should find them; on that separate, but more free and honorable ground, where the State places those who are not with her but against her, – the only house in a slave-state in which a free man can abide with honor. If any think that their influence would be lost there, and their voices no longer afflict the ear of the State, that they would not be as an enemy within its walls, they do not know by how much truth is stronger than error, nor how much more eloquently and effectively he can combat injustice who has experienced a little in his own person.

어휘

* imprison 투옥하다 * despond 낙담하다, 포기하다 * fugitive 도망한 * on parole 가석방된 * plead 항변하다 * afflict 괴롭히다 * eloquently 웅변적으로 * combat 투쟁하다 * a little = a little injustice

【분석】

소로의 글은 앞에 나온 글들보다 문단의 논리적 내지는 논쟁적 구조가 어렵지는 않다. 오히려 문장 그 자체의 웅변적인 효과를 반복과 병렬구조를 통해 추구하는 '연설 투'의 선언적 수사법을 사용하는 경향이 크다. 따라서 문장 차원에서 함축된 논쟁을 분석하는 것이 필요하다. 당장 첫 번째 문장부터 그렇다. 정부가 법을 집행하는 것은 일반적으로 정당하다는 통념이 있다. 이러한 통념을 먼저 거부하는 전제가 조건절 "Under a government which impriso-ns any unjustly"에 깔려있다. 즉,

정부는 때로는 불의한 법집행을 할 수 있으니, 의인을 감옥에 가두는 것이 그런 예이다

라는 논리를 이 표현이 담고 있다. 물론 이 단계에서도 반론의 여지는 적지 않다. 가령,

> 적: 누가 의인이요? 기준이 뭐요? 당신이 말하는 정의가 뭐요?'

이런 질문이 나올 법하다. 아무튼, '정부가 불의하게 사람을 투옥시켰다면, 의인이 있어야 할 곳은 감옥이다' 라는 주장을 폈다. 멋진 표현이다. 하지만 여기에도 반론의 여지가 만만치 않다.

> 적: 불의하게 갇힌 사람이 모두 의인인가? 의인이 아니면서도 불의하게 갇힌 경우가 있지 않은가? 불의한 투옥에 대해서 의인이 할 일은 오히려 감옥 밖에서 이들을 위해 변호하고 돕는게 아닌가? 스스로 감옥에 갇혀 있으면 무슨 행동을 할 수 있는가?'

이러한 반론 중에서 뒷부분의 질문 두 개는 소로가 답변하지만, 앞부분의 질문 두 개는 역시 묵살한다. 또한 앞서 제기된 반론도 뭉뚱그려 이 단계에서 대답했다.

첫째, 의인이란 "freer and less desponding spirits"임을 밝혔다. 소로에게 "despond"는 특별한 의미를 갖는 말이다. 현실에 순응하는 태도를 현실이 변화될 가능성을 포기한다는 점에서 '낙담'으로 규정한다. 반면에 자유롭고 또한 미래에 대한 희망을 포기하지 않은 사람들이 '의인'이다.

둘째, 이들이 그러면 왜 감옥에 가야 하냐는 질문은, ("has provided for" 같은 표현들 통해) '정부가 이들을 그리고 보낸다'는 뜻의 표현으로 책임을 국가에 돌리는 것으로도 대답하지만, 보다 중요하게는 이들 의인들이 이미 그 이전에 "자신들의 소신"에 의해 감옥에 스스로를 보낸 것이라는, "put themselves out by their principles"이라는 답을 준다. 말하자면 정부가 선택의 여지를 주지 않고 반대의 목소리를 불법화하기에 감옥에 갈 수밖에 없다는 것이다. 이렇게 하므로 '의인이 누구요?'란 질문에 대한 대답도 보강되었다. 의인이란, 자신이 믿는 원칙과 소신 때문에 타협할 수 없는 사람들이라는 대답이 되었기 때문이다.

자, 이렇게 해서 논지를 어느 정도 세웠고 '적'의 질문에 대한 대답도 처리한 후, 소로는 한 걸음 더 나아가, 참된 정의는 감옥에 갇힌 이들 의인들한테서 찾아야지, 감옥 밖의 법정이나 정부에서 찾을 수 없음을, 미국 권력의 피해자들을 구체적으로 나열하여 주장한다. 현재 벌어지는 멕시코 전쟁의 멕시코인 포로, 노예제도가 금지된 북부로 도주한 흑인 노예, 조상 대대로 살던 땅을 무참히 빼앗긴 인디언 원주민들, 이들이 자신들의 사정을 호소하려면 옥에 갇힌 의인들을 찾아가야 할 것이라는 주장이다. 참으로 파격적이며 과격한 주장이 아닐 수 없다. 현실의 제도와 법체계와 미국의 정당성 자체를 부인하는 발언이니 말이다. 반론은 물론 수도 없이 쏟아질 것이다.

적: 당신 미국사람 아니야? 원주민들을 당연히 없애야 우리가 땅을 차지하지? 멕시코 놈들은 지금 우리가 싸우고 있는 적인데? 흑인 노예? 아무튼 다른 주의 법을 어기고 도망쳐온 놈들 아니야?

아래(다음) 문장은 이런 질문에 대한 대답이다.

the only house in a slave-state in which a free man can abide with honor

즉, "honor"라는 또 다른 키워드가 대답이라면 대답이다. 자유인이 명예롭게 살 곳은 감옥이다. 왜? 감옥 밖이

부당하고, 불의하고, 명예롭지 못하기 때문에. '적' 들은 더욱 더 흥분할 수밖에 없다.

> 적: 뭐야? 그럼 우리 집, 이 비싼 저택이 감옥보다 못하다는 거야? 당신, 명예훼손죄로 고소할 거야! 그리고, 매사추세츠 주가 노예를 합법화한 주라고? 이 사람이 지금 정신이 있는 거야?'

소신의 사나이 소로는 이러한 반론을 일축한다. 주 및 국가("state"가 두 가지 의미를 다 가지므로)와 의인의 대립 구도가 소로의 논제이니, 이런 지엽적 반론은 무시할 권리가 없지는 않다. 하지만 소로의 성품이랄까, 고집이랄까, 예언자적 '독선' 이 이러한 문단 진행 방식에 그대로 반영돼 있다. 이 대목에서 대개 일반적인 문단이라면 "… the only house in a slave-state … abide with honor"로 끝난 문장 다음은 아래와 같은 전개양상을 띨 법하다.

(문장 4) 물론, 감옥 밖에서의 투쟁과 운동도 중요하고, 감옥 밖에도 명예롭게 사는 이들이 얼마든지 있을 수 있으며, 매사추세츠 주는 노예제도를 합법화한 주가 아니다.

(문장 5) 하지만 국가가 전쟁을 빌미로 반대 언론을 묵살하며 감옥 안이냐 밖이냐의 양자택일을 강요하니, 이것이 시민을 노예로 부리는 것과 뭐가 다른가?

이러한 논쟁을 소로는 “the only house … honor” 같은 ‘시적인’ 표현 속에 함축시켜 놓았을 뿐이다.

그리고서 소로는 꿋꿋이 자기 길을 간다. 남들이야 뭐라고 하건. 그래서 결론은 분명하다. 감옥이 의인이 갈 곳이기에, 의인을 여기에 가둬둔다고 해서 그의 목소리를 잠재울 수는 절대로 없다. 오히려 불의와 싸우는 훈련만 시킬 뿐임을 소로는 역설한다.

Q

서재가 있어야 천재가 나온다

Virginia Woolf

【소개】

버지이나 울프(Virginia Woolf, 1882~1941)하면 떠오르는 이미지가 신경쇠약 등 정신병에 시달리는 깡마른 여성작가, 결국 자살로 인생을 마감한 비극적인 인물의 모습이 아닐까 우려된다. 영화나 대중적인 이미지에서 흔히 제시되는 울프의 모습이 이런 것이기 때문이다. 하지만 버지니아 울프는 그렇게 나약하고 이상한 사람이 아니었다. 그녀는 젊은 나이에 당대 문단에서 무시 못 할 여성 평론가로 입지를 확보한 후, 소설가로서 다양한 실험적인 작품을 창작해내며 20세기 문학의 첨단을 달렸고, 본인이 남편과 함께 출판사를 만들어 운영한 출판업자이기도 했고, 무엇보다도 여성의 입장에서 가부장제의 각종 폐해를 예리하고 신랄하게 비판해온 여성주의/페미니즘 지식인이었다.

울프의 10대와 20대는 영국 중산층 여성들이 선거권을 쟁취하기 위해 치열하게 투쟁했던 시기와 겹친다. 1차 대전 때 대부분의 성인 남성을 전쟁터에 보내지 않을 수 없는 처지가 되자, 영국 사회에서는 여성들이 기존의 남성들이 하던 다양한 일들을 떠맡게 된다. 공장, 회사, 국가기관에서 여성들은 남성들이 했던 일을 능숙하게 수행해내므로, 지난 수 천 년 간 반복해서 들어왔던, '여성은 남성보다 선천적으로 열등하다'는 주장을 효과적으로 반박했다. 전쟁이 끝났을 때 여성에게 더 이상 선거권을 주지 않을 명분이나 논리를 마련하기는 어려워졌다. 그러나 남성들이 전쟁터에서 돌아온 후 다시 여성들의 사회참여는 위축될 수밖에 없었다. 하지만 이미 변화와 혁명은 시작되었던 터, 일단 여성들의 복장이 자유로워졌고 성생활을 비롯한 신체적 자기 결정권을 (선거권 뿐 아니라) 주장하고 행사하기 시작했다. 이러한 변화의 선두에 울프 같은 여성 지식인이 서 있었다.

아래에 발췌한 글은 그녀가 케임브리지 대학교 내의 여성 칼리지인 거튼(Girton)과 뉴넘(Newhnam)에서 강연한 내용을 토대로 출판된 『자기만의 방』(*A Room of One's Own*)의 일부이다. 아마 제목만이라도 들어봤음직한 이 책에서 울프는 문학과 문화, 지성계에서 여성에 대한 편견을 반박하고 파괴하는 데 몰두한다. 왜 여성 중에는 셰익스피어 같은 대작가가 없는가? 그것이 바로 여성이 남성보다 지적으로 열등하다는 증거 아닌가? 여기에 대한 울프의 대답을 들어보자. 맨 첫 문장에 나오는 "Nobody"는 울프가 집중적으로 공격하는 퀼러카우치(Sir Arthur Quiller-Couch)라는 케임브리지 대학교 영문학 교수로, 그의 저서를 인용하고 반박하는 것으로 이 문단을 시작하고 있다.

【텍스트】

Nobody could put the point more plainly. "The poor poet has not in these days, nor has had for two hundred years, a dog's chance ... a poor child in England has little more hope than had the son of an Athenian slave to be emancipated into that intellectual freedom of which great writings are born." That is it. Intellectual freedom depends upon material things. Poetry depends upon intellectual freedom. And women have always been poor, not for two hundreds years merely, but from the beginning of time. Women have had less intellectual freedom than the sons of Athenian slaves. Women, then, have not had a dog's chance of writing poetry. That is why I have laid so much stress on money and a room of one's own.

However, thanks to the toils of those obscure women in the past, of whom I wish we knew more, thanks, curiously enough to two wars, the Crimean which let Florence Nightingale out of her drawing-room, and the European War which opened the doors to the average woman some sixty years later, these evils are in the way to be bettered. Otherwise you would not be here tonight, and your chance of earning five hundred pounds a year, precarious as I am afraid that it still is, would be minute in the extreme.

어휘

put the point 핵심을 표현하다 ∗ a dog's chance 눈곱 만 한 기회도 (없다) ∗ emancipate (노예 등이) 해방되다 ∗ toil 수고, 노고 ∗ obscure 잘 알려지지 않은, 무명의 ∗ Crimean 크리미아 전쟁 ∗ drawing-room 거실, 응접실 ∗ better 개선하다 ∗ precarious 불확실한, 불안정한 ∗ minute 미세하다, 매우 적다 ∗ in the extreme = extremely (지극히)

【분석】

이 글은 인용의 기술이 얼마나 결정적일 수 있는지를 보여주는 좋은 예문이다. 지금까지 줄곧 강조했고 예시했듯이 문단은 대화 내지는 논쟁을 함축한 전개 양상을 띤다. 따라서 문단을 '독해' 하는 것은, 단어와 표현, 구문 차원에서만 해결될 수 있는 것이 아니라 문장과 문장 사이에서 (보이지 않게) 진행되는 토론과 논쟁을 읽어내는 차원까지 나아가야 한다. 남의 글, 특히 '적'의 글과 대응하는 것이 글쓴이의 전략일 경우, 적절하게 상대방의 발언을 인용해서 이것을 효과적으로 반박하는 것은 문단의 논쟁적 힘을 최대화할 수 있는 기법이 될 것이다. 소설가로 활동하기 전에 비평가로서 남의 글을 숱하게 인용해본 울프는 명실 공히 인용에 있어서 최고의 기술자이다.

독자 여러분은 대개 인용은 자신에게 유리한 '권위자'의 발언을 인용하는 것으로 이해하고 있는지 모르겠다. 앞에서 나왔던 마틴 루터 킹 목사가 라인홀드 니버를 인용한 경우가 좋은 예이다. 그러나 말하자면 이러한 '공자님이 말씀하시길' 투의 인용은 초보적인 기술이다. 그것보다 난이도가 한 단계 더 높은 기술은 상대방의 말을 인용한 후, 그것을 곧바로 반박하는 데 진력하는 것이다. 여기서 더 단계가 올라간다면 상대방의 말에 그대로 동의하는 듯 하면서 오히려 상대방의 입장을 반박하는 데 그것을 그대로 갖다 쓰는 것이다. '적'이 자신의 말로 스스로를 공격하는, 말하자면 '자살골'을 넣게 만드는 인용이 인용의 최고 단계이다. 앞에서 나온 글 중에서는 촘스키의 글이 그런 인용의 예를 보여줬다. 울프의 인용은 이러한 '자살골 유도' 인용 전략을 선명하게 보여준다는 점에서, 이것이 이 문단의 핵심적인 전략이라는 점에서 고전적이다.

자, 앞에서 이미 수차례 접전을 벌인 상대는 울프가 지금 강연을 하고 있는 케임브리지 대학교의 영문과 원로 교수인 퀼러카우치 경으로, 이 분의 입장은 한 마디로, 여성이나 노동계급에서 셰익스피어 같은 대 작가가 나오지 않았고 그럴 수도 없기에, 문학은 중산층 이상 남성들의 몫이 될 수밖에 없다는 것이다. 이러한 주장의 일부를 다시 인용하면서 칭찬을 아끼지 않는다.

참으로 정곡을 찌른 발언입니다, 교수님! 자 다시 한번 들어봅시다!

그리고 이어지는 인용은 이 교수님의 평소 소신을 그대로 피력하고 있다. 다만, 영문학 교수님치고는 좀 거친 표현(a dog's chance)까지 마다하지 않으며 자신의 주장을 강변한다는 게 특이한 대목이긴 하다. 바로 그 덕에 이 대목이 울프의 예리한 눈에 걸려들었다. 아테네의 노예를 거론한 것도 다소 지나친 수사법이니, 울프가 공격하기에 딱 좋은 '약점'이다. 그러나 울프는 곧장 반박에 들어가지 않는다. 오히려, '가난한 사람이 시인이 될 가능성은 지적인 자유가 허용되지 않기에 불가능하다'는 상대방의 주장에 전적으로 동의할 뿐더러, 그러한 주장을 가능하게 해주는 논리적인 구도도 분석해주고 있다.

Intellectual freedom depends upon material things.

Poetry depends upon intellectual freedom.

이 두 문장은 퀼러카우치 씨가 명시적으로 표현하지는 않았으나 사실상 여기에 함축된 전제이다. '물질적인 조건이 없이는 지적인 자유가 없고, 지적인 자유가 없이 시인이 나올 수는 없다' 라는 주장이기 때문이다.

이렇게 상대방을 세심하게 이해해줬으니 '적' 은 안심하며, '맞아요, 그게 바로 내 주장이요,' 하며 턱수염이나 만지며 흡족해할 때, 결정적인 공격이 다시 시작된다.

And women have always been poor ...

이 문장에서 "And"는 강조의 기능을 수행하는 접속사이다. '바로 그런 점에서, 그런데 바로 여성들이 …' 정도의 뜻으로 풀어볼 수 있다.

'바로 여성들의 경우, 200년이 뭐야, 아예 역사의 시작점부터 가난했던 것 아닌가!' 라는 울프의 주장이 '적' 의 주장에서 자연스럽게 이어진 것이다. 여성들은 노예의 아들보다도 못한 처지였다. 왜냐하면 딸들은 늘 아들보다 한 단계 아래이기 때문에, 그래서 시를 쓸 기회는 눈곱만큼도 없었다는 식으로, 퀼러카우치의 논리를 여성의 경우에 그대로 적용시켰다. 표면적으로는 '적'의 주장이 옳다는 것을 입증해 보인 것이나 그 이면은 여성 중에서 셰익스피어 같은 천재가 나오지 않은 이유가 여성 자체의 본질적인 결함이 아니라 순전히 외적인, 경제적, 물질적 조건 때문이라는 논리를 세웠다. 이는 여성의 열등함을 '선천적'인 것으로 규정하려는 퀼러카우치 등 남성들의 입장에 대한 매우 효과적인 반박이 된다. 말하자면, 울프는 상대방의 논리를 적용해서 입증해보여주는 형식을 취하므로 자신의 논지를 세운 것이다. 그야말로 '자살골'을 유도한 고도의 인용 전략이다. 그래서 울프는

> That is why I have laid so much stress on money and a room of one's own

를 통해 자신의 승리를 '확인'하는 논지의 재천명을 하고 있다. '바로 당신이 말한 그런 논리 때문에 내가 여성 작가에게는 자기만의 방, 즉 물질적 조건이 선행돼야 함을 역설한 것이요, 영감님!'

교수님은 할 말을 잃었다. 남의 말도 아니고, 자기가 한 말이니, 다시 주워 담을 수도 없는 노릇. 이에 승승장구한 울프는 자신의 논지에 대해 스스로 반론을 제기하여 조정

하고 있다. 여성 중에서 시인이 없었다. 물론 그렇다. 그러나 그간 끝없이 보이지 않는 자리에서 무명의 여성들의 노력이 있었고, 특히 최근에는 전반적으로 여성의 지위가 개선되는 단계로 돌입했고, 따라서 이제는 물질적 조건이 나아질 것이며, 지적인 성과도 더 풍족해질 것이라는 긍정적인 논지로까지 발전시키고 있다.

플로렌스 나이팅게일은 굳이 설명이 필요 없을 정도로 유명한 사람이다. 여성들을 가정에서 끌어내어 크리미아 전쟁터로 데리고 가서 부상병들을 간호하는 '백의의 천사'들로 변신시킨, 근대 '간호학'의 대모이니 말이다. 1차 대전과 여성의 지위상승의 관계는 이미 앞에서 설명한 바 있다. 마지막 문장에서 '여러분'은 앞서 설명했듯이 케임브리지 대학교에 소속돼 있는 여성 칼리지 재학생들인데, 한 가지만 덧붙인다면, 케임브리지나 옥스퍼드 대학교에 여학생들이 다니게 된 시기가 대략 19세기 말부터 20세기 초이나, 이들은 여성들만 다니는 신설 칼리지에서 생활하며 교육받은 것이지, 수 백 년 역사를 자랑하는 오래된 칼리지들이 여성에게 문을 연 것은 아니었다. 완전한 남녀공학은 1960~70년대 와서야 이루어졌을 정도로, 이들 영국 명문 대학은 철저한 남성만의 공간이었던 것이다.

R

문단같은 문장들

F. R. Leavis

【소개】

대학의 경쟁력. 이런 말들은 언제부터인가 이 글의 필자를 비롯한 대학에 몸담고 있는 사람들이 지겹도록 듣는 표현으로 자리 잡은 형국이다. '대학의 경쟁력' 이 아니라 '기업의 경쟁력' 이 맞는 말 아닌가? 혹시 단어를 잘못 썼는지 의심하는 사람도 요즘에는 찾아보기 힘들다. 대학에 기업과 시장 논리를 적용하는 것은 너무나 당연한 일로 받아들여진다. 대학이 '진리의 전당' 이니 '상아탑' 이니 하는 말들은 잊혀진지 오래이다. '시장' 이 요구하는 기술을 개발하고, '시장' 이 좋아할 만한 인력을 양성하는 곳이 대학이라는 인식이 이제는 반박하기 어려운 '진리' 로 정착한 느낌이다.

하지만 잠시 한 발 비켜서서 따져보자. 시장이 요구하는 기술을 개발하고 시장이 좋아하는 인력을 양성하는 곳이 대학이라면 굳이 대학이 존재할 필요가 있을까? 비싼 등록금을 받고 넓은 녹지를 사용하며 방학에 뭐에 시간을 지극히 비효율적으로 쓰는 곳이 대학이 아니던가. 기업의 필요에 당장 맞는 인력과 기술을 개발하는 기업 연수원이나 기업 연구소로 대학들을 모두 대체하는 것이 오히려 시장의 논리에 부합하는 조치가 아닐까? 그러나 대학의 경쟁력을 논의하는 사람들도 논리적으로는 당연한 결론일 대학 폐지론은 펴지 않는다. 아마도 뭔가 여전히 대학은 대학대로 존재할 이유가 있다는 암묵적인 시인을 하고 있기 때문일 것이다. 그래도 대학은 대학으로 남아 있어야 한다? 그렇다면 과연 대학은 무엇이며, 대학은 왜 존재하는가? 대학은 기업 연구소나 연수원과 무엇이 다른가?

이러한 질문에 대한 대답은 다소 엉뚱한 곳에서 찾아보았다. 다음 지문을 쓴 이는 영국 케임브리지 대학교에서 공부하고 거기에서 평생을 지낸 사람이긴 하지만 변변한 대접은 나중에야 겨우 받았고, 주변부로 밀려나서 학생들 세미나나 지도하며 대부분의 세월을 보낸 인물이기 때문이다. 케임브리지에서 태어나서 자란 후 케임브리지 대학 영문과에서 공부한 F. R. 리비스(Leavis, 1895~1978)는 기존의 학풍을 과감히 비판한 덕분에 힘 있는 교수들의 미움을 사는 데 성공했고, 그 덕에 '찬밥신세'의 길로 일찍이 들어섰다. 하지만 그를 추종하는 유능한 학생들이 적지 않았고, 이들은 리비스의 영향을 받아 이후 영문학의 연구 방향과 틀을 혁신하는 주역들이 되었다. 이렇게 거의 한 세대가 지나고 나서 노년에 접어들면서 비로소 자신의 역량과 업적에 부합하는 대접을 받게 된 리비스 교수는 1967년, 이미 '연구중심 대학'과 과학 기술 위주의 '대학 경쟁력' 바람이 미국을 중심으로 거세게 불어대기 시작한 시점에, 대학의 기능에 대해서 아래와 같이 역설한다. 대학은 왜 존재하는가? 대학은 무엇을 하는 곳인가? 과연 그의 대답은?

【텍스트】

The university, in so far as it is more than a centre and nursery of the sciences, a technological institute, or a collocation of specialist departments, is the representative of that instinct of self-preservation, and the organ through which society has to make the sustained effort (one directed by collaborative intelligence and a full human responsibility) to keep that need of self-preservation recognized and provide our civilization with memory and mature purpose. The university has always had a major importance in relation to the country's cultural life, an importance whose function was never so vital as it is now: living continuity used to be maintained in many ways in the functioning of the general life of society in the life of the home, for instance, and of the local milieu, and there was not that destructive action on the creative heritage, and the human positive response which characterizes the mechanisms of civilization in our time characterizes them to such a tune that, in the resulting amnesia and passivity, the destructiveness isn't recognized as such. As things are now, if provision is not made for the focused and fostered insight, purpose and effort of continuity, the heritage is lost, abandoned to oblivion, and mankind faces a fate more certain than the feared nuclear cataclysm.

어휘

* nursery 양성소, 온상 * the sciences 자연과학 전공들 * collocation 배치, 병렬 * self-preservation 자기 보존 * collaborative intelligence 상호 협력적 지성 * never so X as Y, Y보다 더 X한 적은 없다 * milieu 주위 환경 * heritage (문화, 정신적) 유산 * to such a tune that 얼마나 심한 정도인가 하면 * amnesia 기억상실 * provision 제공 * fostered 양성된, 육성된 * oblivion 망각 * cataclysm 대재난

【분석】

이 지문을 읽고 난 다음 (아마 몇 번 반복해서 읽은 후에도) 아마도 여전히 '문장이 어렵다'는 느낌을 지울 수 없을 것이다. 대학의 의미가 무엇인가? 이 질문에 대한 대답이 정확히 무엇인지 잘 들어오지 않았을 것이다. 하지만 당연한 반응이니 자신을 크게 탓할 일은 아니다. 이 지문은 어려운 문장들로 구성되어 있기에, 잘 독해가 되지 않았을 것이다. 그러나 그만큼 '훈련용'으로서는 가치가 크다. 왜 어려울까? 여러 개의 진술(명제)들이 한 문장에 여러 형태로 동시에 제공되기 때문이다. 그리고 그러한 명제들이 한 문장 안에서 서로 논쟁과 문답을 진행시키고 있기 때문이다. 이 지문은, 말하자면 문단 같은 문장들 셋이 붙어 있는 형태이다. 그러니 한 문장씩 차분히 분석해 보는 수 밖에 없다.

(1) 첫 문장

The university, in so far as it is more than a centre and nursery of the sciences, a technological institute, or a collocation of specialist departments, is the representative of that instinct of self-preservation, and the organ through which society has to make the sustained effort (one directed by collaborative intelligence and a full human responsibility) to keep that need for self-preservation recognized and provide our civilization with memory and mature purpose.

이렇게 따로 떼어놓고 보니 그 자체가 거의 한 문단이 될 정도로 복잡하다는 인상을 준다. 리비스는 실제로 한 문장에 한 문단에 들어갈 만한 생각들을 집어넣어 놓았으니 그런 인상을 받는 것도 무리가 아니다. 자, 어디에서부터 시작할까? 어차피 논제, 즉 주어는 대학임을 '소개'에서 밝혔으니, 첫 단어는 건너뛰자. 그 다음에 우리가 만나는 부분은 "in so far … departments"의 긴 조건절이다. 여기에 들어가 있는 생각들은 다음과 같다.

(1) 대학은 자연과학적인 연구의 중심이다.
(2) 대학은 기술개발 연구소이다.
(3) 대학은 개별 세부 전공들이 모여 있는 '백화점'이다.

그러나 이 셋 모두 충분한 조건이 아니다. 이것들 이상의 그 무엇이("in so far as it is more …") 대학이라는 전제를 이끌기 위한 예비단계이기 때문이다. 말하자면 다음과 같은 '대화'가 여기에 함축돼 있다 (편의상 '적'으로 저자의 반대편을 나타내자).

적: 대학은 경쟁력을 갖춰야 하고 과학기술 연구가 중요해요.

리비스: 그것만이 전부인가요?

적: 물론 다양한 세부 전공들이 골고루 모여 있어야 하지요.

리비스: 그러면 그게 대학이요?

적: 아니, 그 이상의 의미가 뭐가 또 있소?

이 단계에서 이 문장의 주절이 등장한다.

The university ... is the representative of that instinct of self-preservation, and the organ through which ...

이 주절은 이처럼 빈자리가 많고 구체화할 거리가 적지 않다. '적'은 참을성이 없는 사람이기에 말을 끊고 싶어 한다.

적: 누구의 자기보전 본능 말이요? 대학이 무슨 '기관'이라고? 원, 별 소리도 다 듣겠네.

그러나 이것은 리비스가 의도한 반응이다. 이렇게 호기심을 자극해 놓은 후, '본능'이니 '기관'이니 하는 생물학적 비유의 뜻을 차근차근 구체화시키고 있다.

that instinct of self-preservation, and the organ through which society has to make the sustained effort ...

여기까지 읽다 보면, 이것이 '사회'의 자기 보전이요 사회의 '기관'이란 말임이 드러났다. 어떤 기관인가? 지속적인 노력을 하는 기관이다. 무슨 노력? (이 대목에서 잠시 괄호 안을 건너뛰는 것이 좋다. 건너뛰라는 표시가 괄호이니)

... to keep that need for self-preservation recognized and provide our civilization with memory and mature purpose

(1) 이러한 자기 보전의 필요를 인식하게 하는 노력.

여기에는 '만약 그렇게 노력하지 않으면 이러한 것이 필요한 지 여부를 모르게 된다'는 전제가 깔려있다. 무엇이 필요한지, 무엇이 문제인지 인식하는 자각 능력이 리비스가 보기에는 매우 중요한 것으로, 마지막 문장에서 이 점을 다시 강조할 것이다.

(2) 문명의 과거 전통에 대한 기억과 성숙한 목적의식을 제공하는 노력

이 둘이 "and"로만 연결되어 있지만, 이 둘 간의 단순한 병렬적 연결이 아니라 논리적인 관계를 함축한다. 말하자면 이러한 반론에 대한 답변이 진행된 셈이기 때문이다. 즉,

적: 그러한 필요를 인식하는 게 뭐가 그리 중요해요? 사회가 발전을 해야지, 발전!
리비스: 그러한 인식이 바로 문명이 과거를 기억하는 데 중요한 거요.
적: 과거? 역시 고리타분한 양반이군. 발전이 중요한 거요, 미래가!
리비스: 무슨 목적의식이 있어야 발전이라고 할 수 있는 거 아닌가요? 성숙한 목적의식.

그런데 '적'은 여전히 고개를 숙일 뜻이 없다.

적: 그걸 대학이 한다고? 대학이 뭔데? 독선적인 지식인들이 상아탑에 들어앉아서 무슨 훈수를 두겠다는 것이요?

여기에 대한 대답이 우리가 건너뛴 괄호 안에 들어 있다.

[the effort should be] one directed by collaborative intelligence and a full human responsibility

이러한 단서를 달아주므로 바로 여기에 대한 대답을 해 놓은 것이다. 즉, 독선적이지 않고 협력적인 지성의 장으로서의 대학, 그리고 상아탑에 안주하는 무책임한 탁상공론이 아니라 "full human responsibility"를 염두에 둔 책임 있는 태도를 대학 쪽에 주문해 놓았다. 이러한 기능을 대학이 해야 한다니, 매우 부담스러운 당부이긴 하다.

(나) 둘째 문장.

The university has always had a major importance in relation to the country's cultural life, an importance whose function was never so vital as it is now: living continuity used to be maintained in many ways in the functioning of the general life of society in the life of the home, for instance, and of the local milieu, and there was not that destructive action on the creative heritage, and the human positive response which characterizes the mechanisms of civilization in our time characterizes them to such a tune that, in the resulting amnesia and passivity, the destructiveness isn't recognized as such.

이렇게 떼어놓고 보니 정말 '이거 문장 맞아? 문단 아니야?' 하고 반문하고 싶어질 것이다. 그러나 첫 문장 보다는 다소 친절하게 시작한 편이다. 첫 문장을 읽고 제기되는 간단한 질문에 대한 간단한 대답부터 해주고 있다. 즉,

적: 대학의 역할이 그렇게 중요하다고? 언제부터 그랬소?

같은 질문에 대한 대답이

The university has always had a major importance in relation to the country's cultural life,

에 담겨 있다. 그런데, 쉼표를 찍자마자 곧장 논쟁을 전개시키고 있다. 즉,

적: 그거야 옛날 얘기 아니요? 지금은 과학기술 중심, 연구 중심 기능이 제일 중요하 …

말을 마치기 전에 틈을 주지 않고 리비스는 몰아 부친다.

리비스: 아니요, 지금이 어느 때보다도 더 대학의 이런 기능이 중요한 시점이요("... an importance whose function was never so vital as it is now")

그러자 당연히 반론이 제기된다.

적: 어떤 면에서 그렇소?

저자는 콜론(:)으로 여기에 대응한다. 콜론은 이렇듯 '즉, 왜냐하면, 다시 말해서'의 의미를 표시하기 때문이다. 어떤 면에서인가?

living continuity used to be maintained in many ways in the functioning of the general life of society in the life of the home, for instance, and of the local milieu, and there was not that destructive action on the creative heritage ...

여기서 "living continuity"와 "creative heritage"는 앞 문장의 "self-preservation", "provide our civilization with memory"와 통하는 개념들이다. 계속 이어지는 살아있는 전통. 이것이 과거에는 다양한 방식으

로, 가정이나 지역 공동체를 통해 유지되었기에 그러한 전통이 파괴될 위험에 직면하지 않았었다. 이러한 주장이 이 문단의 중심 논지라면 바로 이 지점에서 반론을 처리해줘야 한다. 즉,

적: 과거에 그랬다고? 예를 좀 들어보시오!

라는 반론이 나오기 마련이고, 저자는 구체적인 예를 한 개 정도는 들어야 할 의무가 있다. 그러나 논제가 오늘날 당대 사회에서의 대학의 기능이지 과거 역사에 대한 발언이 아니기에 리비스는 이러한 반론은 무시하고 넘어갔다.

이어지는 대목을 이끄는 "and"는 강조의 의미를 갖는 '반면에, 다른 한편' 정도의 의미로 사용했다. 즉, 과거에는 그랬으나 반면에 지금은

and the human positive response which characterizes the mechanisms of civilization in our time characterizes them to such a tune that, in the resulting amnesia and passivity, the destructiveness isn't recognized as such.

이라고 한다. 여기에서 사용된 표현 중에서 "positive"

가 독해를 혼란스럽게 했을 법하다. 이 말은 대개 긍정적인 의미를 갖고 있으니 말이다. 하지만 여기에서는 가령 "positivism"(실증주의)과 통하는 '적극적, 도발적, 단정적'의 의미로 사용됐다. 여기에서도 서너 개의 진술이 연이어 등장한다.

(1) 온갖 사회와 인간적 문제들을 통계수치와 수학적 모델에 의존해 풀어보려는 태도, 이러한 태도가 "the mechanisms of civilization in our time"의 특징이다.
(2) 이러한 측면이 매우 그 위세가 강해졌다.
(3) 그 결과 망각과 수동적인 태도가 만연하다.
(4) 이러한 망각으로 인해 파괴를 파괴로 인식하지도 못하는 지경에 이르렀다.

이 네 가지 진술이 겹쳐서 등장하는 양태는 대략 다음과 같다.

(1번 진술) and the human positive response which characterizes the mechanisms of civilization in our time (2번 진술) characterizes them to such a tune that, (3번 진술) in the resulting amnesia and passivity, (4번 진술) the destructiveness isn't recognized as such.

이렇게 여러 개의 주장을 연이어 쏟아내니 '적'은 반격의 틈을 찾기가 쉽지 않다. 바로 그런 효과를 노린 것이다. 그 덕에 독자도 덩달아 진땀을 빼게 되지만.

(다) 셋 째 문장

As things are now, if provision is not made for the focused and fostered insight, purpose and effort of continuity, the heritage is lost, abandoned to oblivion, and mankind faces a fate more certain than the feared nuclear cataclysm.

둘째 문장을 읽은 '적'은 어디를 반격 점으로 삼아야할지 잠시 어리둥절해졌다. 겨우 받아칠 말이,

적: 그게 다 무슨 소리요? 그러니까 … 다시 좀 말 해보시오.

이 정도 주문은 받아주는 게 유리한 터라, 리비스는 자신의 논점을 좀 더 차분하고 명료하고 웅변적으로 다시 부연하고 있다. 셋 째 문장은 제일 길이도 짧고 (제일 문장 같고) 내용도 분명한 편이다. 앞에서 말한 "creative heritage"를 "the heritage"로 다시 지목한 후, 이것을

망각할 위험이 현재 핵전쟁이 터질 가능성보다 더 크다는 '과장법'을 쓰고 있다. 그러나 여기에는 또 다른 진술이 동시에 깔려 있다.

> if provision is not made for the focused and fostered insight, purpose and effort of continuity

이러한 인식을 집중적으로 길러내 주지 않는다면, 망각의 늪에 빠질 것이라는 말이니, 이제 대학의 사명이 다시금 천명되었다. 즉, "provision is … made"는 "made by universities"의 의미임을 문단 전체의 맥락이 분명히 해주기 때문이다. 대학마저 이러한 기능을 하지 못할 때, 문명이 과거를 창조적으로 계승하고 성숙한 미래를 지향할 가능성은 없다는 것이다. 어느 쪽이 더 중요한 논지라고 하기가 어려울 정도로, 이 둘은 밀접히 겹쳐 있다.

> (1) 인류의 창조적 유산은 사라질 위험에 직면해 있다.
> (2) (대학이) 창조적 유산을 계승할 안목을 집중적으로 키워내 주는 일이 절실하다.

말이 좀 복잡하게 진행되어서 그렇지, 사실 이 책의 필자를 포함한 인문학자들은 누구나 동의하는 주장이다. 인문학적 소양과 안목이 무시되고 배제되는 기술, 기능 위주의 대학 교육으로는 결국 문명 자체의 미래를 보장하기 힘들 것이라는 우려와 확신은 1967년 리비스의 전유물만은 아니다.

S

재산 소유자의 불행

E. M. Forster

【소개】

앞에서 소개하고 분석한 리비스 글은 사실 그렇게 '잘 쓴' 글이라고 하기는 어렵다. 작문을 배우는 사람으로서는 리비스 식의 글을 모범으로 삼지 않는 편이 안전하다. 오히려 차분히 상대방의 반론을 예상, 예측하고 너무 복잡하지 않은 문장으로 자기 생각을 단계별로 이어가는 것이 더 좋다. 특히 외국어인 영어로 글을 쓰는 한국 사람들로서는 더욱 그러하다. 하지만 독해의 대상으로서는 한번 겪어봄직한 글이기에 이 책에 수록했다. 물론 리비스의 주장에 깊이 공감하는 입장이며, 아울러 필자가 존경하는 은사(백낙청 교수님)가 좋아하시던 사람이 리비스였으니, 옛 선생님에 대한 경의를 표하고 싶은 뜻도 없지 않았다. 아무튼 리비스의 글은 이 책에서 (등산코스에 비유하자면) 가장 오르기 힘겨운 '깔딱 고개' 였다. 이제 능선에 올라왔으니 다소 편안하게 경치를 감상하며 산행을 할 수 있을 것이다. 도교에 의하면 깊은 산에는 '도사' 들이 산다. 이 책도 마찬가지이다. 수필계의 고수와 '도사' 들의 글을 만나보는 것이 이어지는 코스의 특징이다. 먼저 비교적 '젊은 도사' 인 20세기 수필의 대가, 이미 만나본 분이긴 하지만, E. M. 포스터의 글을 읽어보자. 그가 다루는 주제도 '도사다운' 주제이다. '소유' 와 '재산' 은 별로 반가운 것이 아니라는 내용이니.

【텍스트】

Property makes its owner feel that he ought to do something to it. Yet he isn't sure what. A restlessness comes over him, a vague sense that he has a personality to express – the same sense which, without any vagueness, leads the artist to an act of creation. Sometimes I think I will cut down such trees as remain in the wood, at other times I want to fill up the gaps between them with new trees. Both impulses are pretentious and empty. They are not honest movements towards money-making or beauty. They spring from a foolish desire to express myself and from an inability to enjoy what I have got. Creation, property, enjoyment form a sinister trinity in the human mind. Creation and enjoyment are both very, very good, yet they are often unattainable without a material basis, and at such moments property pushes itself in as a substitute, saying, "Accept me instead–I'm good enough for all three." It is not enough. It is, as Shakespeare said of lust, "The expense of spirit in a waste of shame": it is "Before, a joy proposed; behind, a dream." Yet we don't know how to shun it. It is forced on us by an internal defect in the soul, by the feeling that in property may lie the germs of self-development and of exquisite or heroic deeds. Our life on earth is, and ought to be, material and carnal. But we have not yet learned to manage our materialism and carnality properly; they are still entangled with the desire for ownership, where (in the words of Dante) "Possession is one with loss."

어휘

* restlessness 쉬지 못하는, 부산을 떠는 상태 * pretentious 위선적인 * sinister trinity 불길한 3위 1체 * expense 허비, 낭비 * waste 황무지 * shun 피하다 * defect 결함 * exquisite 정교한, 예술적인 * carnal 육체적 * entangled 뒤엉켜 있다 * is one with 한가지이다, 똑같다.

【분석】

E. M. 포스터는 가난한 집에 태어나지는 않았으나 그렇다고 거대한 토지를 물려받은 대지주의 상속자도 아니었다. 작가로서 자기가 좋아하는 글을 쓰던 도중, 『인도로 가는 길』(*A Passage to India*)이 상업적으로 성공했고, 이 책의 인세 수입으로 영국 남부 휴양지에 야산이 딸린 전원주택을 구입했다. 여기서 말하는 '재산'은 바로 이 숲, 이 새로 맛보는 부동산 소유자의 생활을 지칭한다. 땅을 샀으니 얼마나 좋을까? 이렇게 생각하는 대부분의 사람들을 향해 포스터는 전혀 다른 주장을 편다. 시작은 비교적 중립적으로 보인다.

> Property makes its owner feel that he ought to do something to it.

이에 독자는, '그렇지, 자기 재산 자기 맘대로 하는 재미, 그거 때문에 재산을 모으고 땅을 사는 거 아니요!' 라고 맞장구친다.

그러나 이어지는 문장은 반대 쪽 길로 독자를 이끈다.

> Yet he isn't sure what. A restlessness comes over him, a vague sense that he has a personality to express – the same sense which, without any vagueness, leads the artist to an act of creation.

뭔가 하고는 싶은데 문제는 뭘 할지 모른다는 것. 이걸 할까 저걸 할까, 늘 맘이 오락가락, 좌불안석일 따름이니, 재산을 즐길 맛이 있을 리 없다. 셋 째 문장은 그 원인을 분석해준다. '내 재산'이라면 '내 성격'을 그것을 통해 표현해야 하는데, 이게 도무지 막연하고 명료하지가 않다. 반면에 "the same sense … act of creation"에서 밝히듯이, 예술가의 창조적인 자기표현은 이와 유사하지만 막연하고 어정쩡한 면이 전혀 없다는 결정적인 차이가 있다.

이제 반론이 나올 차례이다.

> 적: 이거 보시오, 작가 양반, 당신이 재산 소유자의 심정을 어찌 아시오? 돈을 좀 버셨나?

만약 재산도 소유하지 못한 사람이 이런 투로 재산 소유자의 심리를 계속 분석해간다면 독자는 이내 콧방귀를 뀌며 돌아설 것이다. 그래서 다음 문장은 주어가 "I"이고, 자신의 경우를 예로 들어 분석을 이어간다.

Sometimes I think I will cut down such trees as remain in the wood, at other times I want to fill up the gaps between them with new trees. Both impulses are pretentious and empty. They are not honest movements towards money-making or beauty. They spring from a foolish desire to express myself and from an inability to enjoy what I have got.

여기에서 "the wood"은 자신이 베스트셀러 작가가 되어 그 돈으로 산 야산을 지칭한다. 이 산의 나무들은 주인의 것이다. 그러나 나무들을 더 잘라야 할지, 아니면 더 심어야할지, 어느 쪽으로도 결정을 못하는 자신의 모습이 바로 앞에서 말한 "restlessness"와 "vagueness"의 좋은 실례이다. 두 쪽 모두 진정성이 없고 공허한다. 나무를 잘라서 돈을 벌겠다는 명확한 의도나 나무를 잘라서 조경을 아름답게 하겠다는 의도, 어느 쪽도 아님을 본인은 안다. 이에 저자는 법적으로는 자기 것, 자기의 소유물이지만, 이를 어떻게 즐겨야 할지 모르는 무능력의 소치라고 자기 진단을 한다.

그렇다면 '적'이 수긍을 할까? 오히려 이렇게 개인적인 경험을 강조하면 정반대의 반론이 나오기 마련이다.

> 적: 그래요? 당신이 재산을 소유한지 얼마 안 돼서
> 그런 거 아니요? 남들은 안 그럴걸?

여기에 대한 대응책으로 '나'의 경우를 최대한 추상화해서 '삼위일체' 운운하는 신학적 차원까지 끌어올렸다. '내 경우가 그렇듯이 모두 다 똑같다'라는 함축된 주장이 여기에 깔려 있는 것이다.

> Creation, property, enjoyment form a sinister trinity in the human mind. Creation and enjoyment are both very, very good, yet they are often unattainable without a material basis, and at such moments property pushes itself in as a substitute, saying, "Accept me instead – I' m good enough for all three."

그런데, 이 '불길한 삼위일체'의 한 축이 "creation"이다. 작가로서, 예술가로서 포스터의 흔적이 거기에 남아 있으니 막연한 일반화만은 아님을 주장할 수 있다. 아무튼 초점은 재산/소유이다. 창조와 즐김의 자리를 뺏으려 드는 재산, 과연 '재산'의 주장은 타당할까?

다음 대목에서는 전혀 그렇지 않음을 여러 말로, 또한 여러 선배 작가들을 거론하며, 역설한다. 셰익스피어의 말이

멋지기는 하나 제일 중요한 문장은 포스터 본인의 말로만 이루어진

> It is forced on us by an internal defect in the soul, by the feeling that in property may lie the germs of self-development and of exquisite or heroic deeds.

이다. 재산은 영혼의 결핍을 채워보려는 욕구를 반영하나 이를 만족시키지 못한다는 이 주장은 이 문단의 논지를 선언하고 있다. 논지를 선언했으니 마지막 반론의 여지를 차단하는 게 좋다. 어떤 반론이 가능할까?

> 적: 작가 양반, 재산을 그렇게 부정적으로 보시다니, 실망이오. 인간의 삶을 있는 그대로 그리는 게 소설가의 임무 아니요?

이런 반론을 예상한 듯, 먼저 인간의 삶이 물질적이고 육체적임을 시인한다.

> Our life on earth is, and ought to be, material and carnal.

문제는 이러한 인생의 조건을 제대로 관리하지 못한 채,

오로지 소유와 재산에서만 해결책을 찾는 것이다.

But we have not yet learned to manage our materialism and carnality properly ...

따라서 논지는 유지하면서 오해의 소지는 없앴다.

마지막을 장식한 단테의 인용은 만약 다른 위치에 등장했다면 멋지긴 하지만 그 의미가 제대로 전달되기 어려웠을 것이다. 그러나 이 지점에서, 즉 논지를 발전시키고 이를 보완한 후에는 거기에 함축된 의미가 잘 전달된다.

"Possession is one with loss."

재산의 소유를 통해서는 얻으려 하는 바, 자기표현, 자아실현, 자기만족 등을 얻을 수 없다는 점에서 오히려 소유는 상실과 다를 게 없다는 뜻을 모든 서양 작가들이 추앙하는 대선배인 단테가 대변하도록 시킨 셈이다.

T
행복은 가능한가?
Samuel Johnson

【소개】

이제껏 지문을 나름대로 해석해보고 분석을 따라 읽은 독자들이라면 이제 본격적으로 영어 (흔히 개인적인 '감상문'의 의미로 이해되는 '수필'과 구분되는 의미로) 에세이의 옛 대가들을 만날 준비가 어느 정도 되었을 것이다. 새뮤얼 존슨(Samuel Johnson 1709~1784)은 18세기 영국 문단을 주도한 글의 대가이다. 그가 쓴 글들은 별의 별 장르를 모두 망라한다. 시, 문화비평, 전기, 시사적 논평, 철학적 수상기, 그리고 (믿기 어렵겠지만) 순전히 자기 혼자 힘으로 만든 두툼한 영어사전 등, 다양한 글을 평생 지속적으로 생산해 낸 '1인 글 기계'나 마찬가지였다. 그렇다고 존슨의 작품에서 '질' 보다는 '양' 이 돋보이는 것은 아니다. 많은 글을 써냈지만 일정한 수준과 품격이 어김없이 글에 배어 있으니, 이런 점에서 존슨은 대가의 칭호를 받을 만하다. 이런 분에 대한 예우 차원에서 아래 지문은 문단을 두 개 수록했다. 소재는 바로 앞서 등장한 포스터의 글과 상통하는 '참된 행복' 이다.

【텍스트】

Happiness is enjoyed only in proportion as it is known; and such is the state or folly of man that it is known only by experience of its contrary: we who have long lived amidst the conveniences of a town immensely populous have scarce an idea of a place where desire cannot be gratified by money. In order to have a just sense of this artificial plenty, it is necessary to have passed some time in a distant colony, or those parts of our island which are thinly inhabited: he that has once known how many trades every man in such situations is compelled to exercise, with how much labour the products of nature must be accommodated to human use, how long the loss or defect of any common utensil must be endured, or by what awkward expedients it must be supplied, how far men may wander with money in their hands before any can sell them what they wish to buy, will know how to rate at its proper value the plenty and ease of a great city.

But that happiness of man may still remain imperfect, as wants in this place are easily supplied, new wants likewise are easily created: every man, in surveying the shops of London, sees numberless instruments and conveniences of which, while he did not know them, he never felt the need; and yet, when use has made them familiar, wonders how life could be supported without them. Thus it comes to pass that our desires always increase with our possessions; the knowledge that something remains yet unenjoyed impairs our enjoyment of the good before us.

어휘

* in proportion 비례해서 * its contrary 행복의 정반대, 불행 * amidst 한 가운데 * populous 인구가 많은 * have scarce 거의 …하지 않았다 * gratify 만족시키다 * plenty (명사형) 넘치는 상태 * trades 직종, 직업 * compel 강제로 하게 하다 * accommodate 조절하다, 맞추다 * expedient 임시방편 * wants 필요한 바들 * comes to pass 하게 되다 * impair 손상시키다

【분석】

먼저 밝혀둘 점은, 이 지문의 18세기 식 구두점을 그대로 표기했기에 새로 문장을 시작할 것 같은 상황에서 콜론(:)을 찍고 절을 연결해 놓은 형태로 문단이 구성되었다는 것이다. 아직 콜론의 사용법이 명확히 정착되기 전 시대이니 그런 것이기도 하지만, 그래도 일정한 정도 이 구두점의 논리적 기능, 즉 '다시 말해서, 예를 들자면, 보다 구체적으로' 등의 의미가 전혀 없는 것은 아니다. 아무튼 글의 대가인 존슨이 진술과 진술의 연결에 있어서의 논리적인 관계를 무시하는 법은 없으니 우리는 절과 절 사이에서 진행되는 대화 내지는 토론을 재구성해 낼 수 있다.

(가) 문단 1

첫 문장은 두 개의 조건을 전제로 세워놓는다. 첫째, 행복은 아는 만큼 즐길 수 있다는 것, 둘째, 행복이 뭔지는 그 반대 상태를 통해서만 알게 된다는 것. 이 두 전제에 의하면, 행복은 항상 불행을 통해서만 뒤늦게 깨닫는다는 결론이 나온다. 이 전제들을 저자는 곧바로 방어하지 않는다. 그 대신 이를 예시하는, "we who have long …"같은 문장에서 바로 콜론을 찍은 후 들어가므로, 의문의 여지를 잠재우는 전략을 택했다. 따라서 이때의 콜론은 '예를 들면'

의 의미를 갖는다. 이 예가 얼마나 설득력이 있는지 여부에 따라 이 전제의 타당성이 입증될 것이다.

예로 든 상황은 저자를 비롯한 대도시 거주자들이 얼마나 행복한지를 느끼지 못하고 산다는 주장을 뒷받침한다. 온갖 것들을 돈만 있으면 쉽게 사서 이용할 수 있는 처지가 얼마나 편리한 지를 절실히 느끼려면 이 모든 것의 "contrary"의 상황에 빠져봐야 한다는 것. 이것을 두 번째 문장에서 상세히 설명한다. 절과 절이 이어지며 상황을 구체화하기에, 반론의 목소리를 낼 여지를 주지 않는 전략을 계속 택하고 있다고 볼 수 있다. 즉, 도시가 아닌 외딴 시골이나 영국 본토에서 멀리 떨어진 식민지, 예를 들어 (당시 영국 식민지였던) 미국 시골에 가보면, 자기가 온갖 종류의 직종의 일을 직접 해야 하며, 동네 빵집이 없으니 심한 수고를 들여야 빵을 먹을 수 있고, 직접 뭘 만들어 보려 해도 적절한 도구가 없거나 미비해서 불편하며, 돈이 있어도 가게가 없으니 별 소용이 없는 상황 등, 말하자면 로빈슨 크루소의 처지와 유사한 경우를 겪으면 비로소 도시의 삶이 얼마나 편리한지 절실히 깨닫는다. 이렇게 해서 두 개의 문장으로 간단히 처음에 제시한 전제를 '논지'로 세워놓았다.

이제 반론을 처리할 차례이다. 첫 문단을 읽고 나면 생각나는 질문은 다음과 같을 것이다.

> 적: 그런 상황에서라면 그렇겠지요, 물론. 하지만 물건과 가게가 넘쳐나는 도시에서 사는 게 꼭 행복인가요? 막상 외딴 곳에 있던 그 사람이 도시로 돌아왔다고 칩시다. 그러면 바로 행복해지나요?

이런 반론에 대응하여, 두 번째 문단은 도시의 삶 속에서의 '행복'의 문제를 다룬다.

(나) 문단 2

둘째 문단은 시작부터 이 질문에 대한 대답을 바로 해준다. 자신의 논지가 제기하는 물음을 당연히 예측했기 때문이다.

> But that happiness of man may still remain imperfect, as wants in this place are easily supplied, new wants likewise are easily created ...

물론 도시에 왔다고 해서 바로 행복해지는 것은 아니다. 아쉬운 것들이 없어지는 것과 맞물려 새로운 욕구들이 생겨나기 때문이다. 그리고 첫 문장에서처럼 콜론을 찍고 바로 이 명제를 예시하는 것으로 의문의 여지를 없애주었다. 런던 거리에 즐비한 가게들을 둘러보는 도시인은 처음에는 온갖 진기한 물건들을 봐도 별 느낌이 없다가 이것들을 하나씩 써보기 시작하면 거기에 대한 필요를 강렬히 느끼게 된다. 핸드폰이 없이 어떻게 살까? 핸드폰이 없던 시절에도 잘 살았다. 집에 전화가 있고, 길거리에 공중전화가 있으니. 스타벅스 커피를 안마시고 인생을 살 수 있을까? 얼마든지 잘 살 수 있다. 하지만 일단 핸드폰에 익숙해지고 스타벅스 원두커피에 익숙해지면 여기에서 자유로울 수 없게 된다. 이제 두 문단을 모두 아우르는 결론이 나온다.

> ... our desires always increase with our possessions; the knowledge that something remains yet unenjoyed impairs our enjoyment of the good before us.

늘 뭔가 아쉬운 게 있다는 생각이 우리를 떠나지 않으니 갖고 있는 것들을 제대로 즐길 수 없고, 따라서 행복은 결국엔 불가능하다는 말이다. 그 자체로만 놓고 보면 매우 심오한 철학적인 주장으로 보이지만, 이것을 일상적인 예로 자연스럽게 풀어놓았기에 독자가 받아들이기에 별로 거북

하지 않다. 대가의 면모는 바로 이렇듯 원활한 '논지 전개' 및 '논지 구체화'의 솜씨에서 엿보이는 것이다.

U

분노의 폐해

Michel de Montaigne

【소개】

앞의 존슨의 글을 '에세이'(essay)로 분류하며 단순한 개인적 감상문과 구분을 했던 것은 16세기 프랑스의 문필가 미셸 드 몽테뉴(Michel de Montaigne, 1533~1592)가 개시한 전통을 존슨이 따르기 때문이다. 몽테뉴는 바로 "에세이"란 말을 만들어낸, 이러한 장르를 탄생시킨 원조이다. 흔히 몽테뉴의 『수상록』으로 번역하는 그의 글 모음은 원래 제목이 『에세이들』(*Essais*)이다. 이 말은 프랑스어에서 '뭔가를 시도하다, 해보다'는 뜻의 "essayer"의 명사형이다. 뭘 시도해 보는 글들인가? '생각'을 시도해본다고 할 수 있다. 몽테뉴의 '에세이'들은 한 가지 논제에 대해, 가능한 다양한 논지를 전개시켜보며 이 중 어떤 것이 비교적 가장 타당한지를 시험해 보는 글의 형태를 띤다. 아래에 발췌한 글의 논제는 '분노'이다. 분노에 대해 가능한 여러 논지들을 전개해 보는 중에 분노의 폐해에 대해 생각해 보는 대목이다. 자, 그럼, 에세이의 원조 몽테뉴 선생의 솜씨를 한 번 맛보시길.

【텍스트】

No passion disturbs the soundness of our judgement as anger does. No one would hesitate to punish with death a judge who was led to condemn his man as a criminal out of anger: then why is it any more permissible for fathers and schoolmasters to punish and flog children in anger? That is no longer correction, it is vengeance. For a child punishment is a medicine: would we tolerate a doctor who was animated by wrath against his patient? We ourselves, if we would act properly, should never lay a hand on our servants as long as our anger lasts. While our pulse is beating and we can feel the emotion, let us put off the encounter: things will really and truly look different to us once we have cooled off a bit and quietened down. Until then passion is in command, passion does all the talking, not us. Faults seen through anger are like objects seen through a mist: they appear larger. If a man is hungry, then let him eat food: but he should never hunger and thirst for anger if he intends to chastise.

어휘

* soundness 건전함, 정당함 * condemn 유죄 판결을 내리다 * permissible 허용되다, 용인되다 * schoolmasters 학교 선생, 훈장 * flog 채찍질하다, 매질하다 * correction 교정, 제재 * vengeance 복수 * animate 흥분되다 * wrath 분노 * pulse 맥박 * mist 안개 * chastise 응징하다, 질책하다.

【분석】

흔히 프랑스 문화는 세련됐다는 인상을 준다. 언어도 그렇고 음식도 그렇고 옷도 그렇고 파리 같은 도시도 그렇고, '멋'을 중시하는 사람들이라는 느낌을 주기 때문일 것이다. 글쓰기에서도 마찬가지이다. 지금까지 등장했던 영어권 작가들, 영국과 미국 사람들, 또는 영국이나 미국에 정착한 (마르크스나 하이에크 같은) 독일인들의 글에 비교할 때, 몽테뉴의 글은 비유의 힘을 많이 빌려 쓰기에 보다 '장식적'이라고 할 수 있을 뿐더러 논리를 전개하는 움직임이 직선적이라기보다는 '곡선'을 그린다고 할 수 있기에 분명히 '세련됐다'는 인상을 주기에 충분하다.

첫 문장은 명료하고 간단하다.

No passion disturbs the soundness of our judgement as anger does.

그렇다면 '분노는 판단력을 흐리게 한다'는 것이 이 문단의 논지인가? 바로 다음 문장에서 이것을 예시하는 상황을 드는 것을 보면 그런 것 같다. 그 상황은 하나의 비유적인 예이다. 만약 판사가 홧김에 판결을 내린다면 옳지 않다. 이것은 누구나 수긍할만한 명제이다. 여기까지 읽은 독자는 쉽게 수긍을 하며 다음과 같은 반응을 보일 법하다.

독자: 그렇지요, 옳은 말씀. 판사는 냉정하고 공정해야지요.

얘기가 이런 차원에 머문다면 편안하게 글을 읽어나갈 수 있을 것이다. 대부분의 독자는 판사가 아니니 '남의 얘기'로 치부하면 되기 때문이다. 그러나 놀랍게도 화살이 곧장 독자 개인에게 날아온다.

then why is it any more permissible for fathers and schoolmasters to punish and flog children in anger?

독자가 판사일 확률보다 아버지일 확률이 훨씬 더 크니 일단 '뜨끔' 해질 것이다. 또한 선생들이 어린 학생들에게 체벌을 하는 것을 대개 당연하다고 생각해온 처지일 것이니, 연이어 당혹감을 느낄 것이다. 바로 이런 논리의 급작스런 방향 선회가 몽테뉴 글의 '세련미' 랄까, '곡선 같은' 움직임의 실체이다.

그래도 반론의 가능성은 분명히 염두에 두고 있다. 예컨대 방금 어제도 자기 아이를 호되게 두들겨 팬 바 있는 독자는 당혹감에서 벗어나자마자 반격의 틈새를 찾아본다.

> 독자: 그거야 그렇지만, 아이들에게 매는 꼭 필요한 것 아니요?

몽테뉴가 기다리던 반응이다.

> For a child punishment is a medicine ...

그렇다고 몽테뉴가 여기에 동의하는 것은 물론 아니다. 이번에는 다시 한번 동의하지 않을 수 없는 비유가 등장한다. 의사가 분노에 사로잡혀 환자에게 약을 마구 먹이거나 주사를 찔러댄다면 어찌 될 것인가? 물론 말이 안 되는 상황이다. 이에 독자는 다시 맘이 좀 편해졌다.

독자: 그런 의사가 있다면, 그거야 당연히 면허를 빼어야지요!

하지만 화살은 다시금 독자에게 날아온다.

We ourselves, if we would act properly, should never lay a hand on our servants as long as our anger lasts.

독자가 판사이거나 의사인 경우는 많지 않으나, 당시에 이런 글을 읽는 독자들은 하인을 둔 유한층일 가능성은 매우 높다. 또한 이들 독자들이 부리는 하인에게 분풀이를 했거나 하고 싶은 마음일 가능성은 더욱 더 높다. 그러니 다시금 심기가 불편해졌다. 그래도 그냥 물러설 수는 없으니 독자는 다음과 같이 대꾸한다.

독자: 아니, 그럼 말 안 듣는 하인을 그냥 내버려둬요?

이 문제에 대해서 저자는 대답을 준비해 뒀다. 그냥 용납하라는 것이 아니라 일단 분노에 사로잡힌 상태에서는 판단을 유보하라는 것이다. 그리고 그 이유를 조목조목 대준다.

첫째, 분노가 사라진 다음에 다시 생각해 보면 문제가 달리 보일 수도 있으니 오판의 여지가 있기 때문이다.

둘째, 분노에 사로잡힌 상태에서는 우리가 아니라 감정이 주인 행세를 하니 역시 제대로 판단을 내리거나 행동하기 어렵다.

이렇게 해서 논지를 견고히 다져놓은 다음 이제 '장식' 에 해당되는 비유가 두 개 등장한다.

> Faults seen through anger are like objects seen through a mist: they appear larger.

첫 번째 비유는 분노한 상태를 '안개' 에 비유하고 있다. 그 다음으로,

> If a man is hungry, then let him eat food: but he should never hunger and thirst for anger if he intends to chastise.

은 좀 더 정교한 문장이긴 하나, '허기진 상태' 에 분노를 비유하여, 분노하고 싶어 '허기진 상태' 에서는 누구를 벌

하거나 탓하지 말라는 충고를 해주었다. 즉 분노를 삼켜 먹고 소화시킨 후에 판단을 하라는 말이다. 이것은 그야말로 몸에 '와닿는' 비유로 문단을 멋지게 마무리한 '고수'의 솜씨이다.

V

자녀의 즐거움과 괴로움

Francis Bacon

【소개】

프란시스 베이컨(Sir Francis Bacon, 1561~1626)은 경험론적인 방법론을 옹호한 철학자로서도 유명하지만, 몽테뉴의 『에세이』(또는 프랑스 발음대로 『에세』)를 영국에 수입한 사람이기도 하다. 몽테뉴 사후 10여년 후에 영국 판 『에세』가 출판되었다. 제목부터 똑같았으니 내용도 똑같으리라는 기대를 불러일으키기 마련이었다. 그러나 프랑스와 영국의 기후와 풍습이 다른 만큼, 몽테뉴와 베이컨은 여러모로 성품이나 기질이 다르다. 따라서 이들이 쓴 '에세이'가 같을 수 없다. 전자의 유려한 비유와 논리전개의 독특한 양상은 베이컨의 글에서는 찾아볼 수 없다. 대신 베이컨 특유의 '안전한' 진술들로 이어지는 문단은 그것대로 또한 묘미가 있다. 아래에 발췌한 글의 주제는 '자식 키우기'이다. 자식을 키우고 있는 이 책의 필자가 특히 공감하는 대목이기에 여기에 등장한 것은 아니지만, 아무튼 한 번 읽어 봄직한 글이라고 믿기에 수록했다.

【텍스트】

The joys of parents are secret, and so are their griefs and fears: they cannot utter the one, nor they will not utter the other. Children sweeten labours, but they make misfortunes more bitter: they increase the cares of life, but they mitigate the remembrance of death. The perpetuity by generation is common to beasts, but memory, merit, and noble works are proper to men. And surely a man shall see the noblest works and foundations have proceeded from childless men, which have sought to express the images of their minds, where those of their bodies have failed. So the care of posterity is most in them that have no posterity.

어휘

* sweeten 달콤하게 만들다 * mitigate 완화하다 * remembrance 기억, 회상 (여기서는 언제가 죽을 것이라는 사실을 기억하는 것) * perpetuity 영속성, 대를 잇는 것 * images of their minds 자신의 생각을 반영한 이미지란 의미, 즉 정신적인 '자식' * posterity 후손, 후대

【분석】

문단의 길이는 매우 짧고 문장도 간단해 보인다. 그러나 각 문장이 서로 대조적인 절들로 구성돼 있기에 문장을 차분히 음미해 보며 읽어나가야 할 것이다. 첫 문장부터 그러하다.

> The joys of parents are secret, and so are their griefs and fears ...

언뜻 보면 한국 사람들은 쉽게 수긍하기 어려운 주장 같다. 자식 자랑을 즐기는 민족이니. 그러나 베이컨의 영국은 이미 "privacy"의 영역을 명확히 구분하기 시작했기에, 가정 문제는 엄밀히 따지면 나만의 사적인, 따라서 비밀스런 문제이다. 자식이 주는 기쁨이건 불행이건, 남들이 알 바가 없는 문제였다. 그러나 기쁨과 슬픔 간의 미묘한 차이를 베이컨은 표현한다. 전자에 대해 말하는 것은 "cannot"이고

후자는 "will not"이다. 자식이 주는 기쁨을 뭐라고 표현하기가 쉽지 않은 반면, 자식으로 인한 고통은 누구에게 말하기가 창피하니 말할 의향이 없다.

그렇다면 이 첫 문장이 논지인가? 베이컨의 문단은 통상적인 논지의 전개라기보다는 멋진 문장들을 경구처럼, 격언처럼 이어 놓은 형태에 가깝다. 바로 이런 점이 같은 '에세이'란 제목을 사용하지만 몽테뉴의 문단과의 결정적인 차이이다. 두 번째 문장은 첫 번째 문장이 제기하는 의문들에 대해 전혀 대답을 해줄 의향이 없다. 가령,

독자: 자식이 주는 기쁨을 왜 말을 못하나? 자식이 주는 고통에 대해 말 못하는 이유는 또 무엇이지?

베이컨은 이 문제보다도 다시 첫 문장의 논제로 돌아가서 자식이 주는 기쁨과 고통이 무엇인지를 부연한다.

Children sweeten labours, but they make misfortunes more bitter: they increase the cares of life, but they mitigate the remembrance of death.

이것을 읽은 독자는 자식이 수고할 보람을 준다는 점은

수긍한다 해도, 왜 불행을 더 씁쓸하게 하는지는 궁금해 할 법하다. 그러나 콜론에 이어지는 절은 이 문제에 대한 대답은 담고 있지 않다. 자식 때문에 골치가 아프지만, 죽는 문제는 좀 더 담담히 생각할 수 있게 한다는 것은 앞의 얘기와는 또 다른 명제이다. 아무튼 이 문장 전체를 읽고 나서 독자는 다음과 같은 질문을 던질 법하다.

> 독자: 그래요? 그래서 자식이 있는 게 복이란 말이요 뭐요?

이어지는 문장은 이 질문을 역시 회피한 채 또 다른 논제를 갖고 들어온다. 인간과 짐승의 공통점과 차이점을 얘기하는

> The perpetuity by generation is common to beasts, but memory, merit, and noble works are proper to men.

자식을 낳아 대를 잇는 것은 동물적인 것인가? 하는 의문이 생긴다. 그 다음 문장은 이 질문에 대해 '그렇다' 라고 하는 듯하다.

> And surely a man shall see the noblest works and foundations have proceeded from childless men, which have sought to express the images of their minds, where those of their bodies have failed.

오히려 자식이 없는 사람이 가장 고상한 일들을 남기고, 이들의 정신적인 '자식'이 육체의 자식보다 더 훌륭한 것이라면 말이다. 마지막 문장은 한 술 더 떠서,

> So the care of posterity is most in them that have no posterity.

후사가 없는 사람이 오히려 더 후사를 위한다는 역설을 펴고 있다. 자식이 없는 사람은 내 자식 걱정만 하는 게 아니라 미래 세대 전체를 생각하는 훌륭한 일들을 할 수 있다는 뜻이다.

그렇다면 이 문단의 논지는? 엄밀히 따지면 하나의 논지를 중심으로 탄탄히 구성된 문단이라고 하기 어렵다. 각 문장들이 서로 엇비슷하게 맞물려 있을 뿐이니. 그러나 그 와중에 궁극적인 입장은 자식이 주는 고통과 족쇄에 대해 불평을 하는 쪽에 가깝다는 결론은 내릴 수 있을 것이다.

W

거짓말을 준엄히 벌하라

Michel de Montaigne

【소개】

다시 몽테뉴의 『에세이』에서 한 대목을 골랐다. 독자 여러분이 몽테뉴를 아무래도 한번은 더 만나게 해야 옳을 것 같았다. 기왕이면 몽테뉴를 프랑스어로 읽게 했으면 더 좋았을 것이나, 어쩌랴, 멋들어진 프랑스어 대신 잡종 언어인 영어가 국제어가 된 것을! 영어로라도 몽테뉴를 한 번 더 감상해보자. 이번의 주제는 거짓말이다. 또한 앞의 글에서처럼 가정교육의 문제에 몽테뉴는 관심이 많다. 거짓말쟁이를 키우지 않는 비법? 이런 비법이 과연 있을까?

【텍스트】

Lying is an accursed vice. It is only our words which bind us together and make us human. If we realized the horror and weight of lying we would see that it is more worthy of the stake than other crimes. I find that people normally waste time quite inappropriately punishing children for innocent misdemeanours, tormenting them for thoughtless actions which lead nowhere and leave no trace. It seems to me that the only fault which we should vigorously attack as soon as they arise and start to develop is lying. Those faults grow up with the children. Once let the tongue acquire the habit of lying and it is astonishing how impossible it is to make it give it up. That is why some otherwise decent men are abject slaves to it. One of my tailors is a good enough fellow, but I have never heard him once speak the truth, not even when it would help him if he did so. (원문 일부 편집)

어휘

* accursed 저주스러운 * worthy (당)할만한 * stake 화형대
* misdemeanour 경범죄, 가벼운 비행 * abject 비열한

【분석】

첫 문장은 간편하고 명료하다.

Lying is an accursed vice.

그리고 바로 이 명제의 이유를 댄다.

It is only our words which bind us together and make us human.

다소 함축적인 대답이다. 여기에서 생략된 것은

바로 그런 언어를 왜곡시킨 자는 인간이라고 할 수 없다는 추론이다. 하지만 오히려 말을 생략하므로, 그 침묵 속에서 독자가 스스로 빈자리를 채워 넣으며 거짓말의 심각성을 자각하도록 유인하는 '고난도 기술'을 구사했다.

이러한 자각을 했다는 전제 하에 다음 문장으로 넘어간다. 거짓말 죄야말로 가장 흉악한 죄로서 극형으로 다스려야 한다는 것이다. 너무 심한 말인가? 본인도 다소 그런 점을 인정하는 듯, 예를 드는 차원에서는 위증죄나 사기죄로 재판을 받는 범죄자가 아니라 어린 아이들을 키우는 일반 가정의 차원으로 내려왔다. 부모들이 큰 해가 없는 사사로운 잘못 때문에 아이들에게 벌을 줄 것이 아니라 오로지 거짓말을 할 경우 호되게 벌해야 한다고 주장한다. 그 근거는 문단 앞에서도 제시한 바 있으나 좀 더 구체적으로 가정교육 문제에 있어서 이 논지의 근거를 제시해야 한다. 그 근거는?

> Those faults grow up with the children. Once let the tongue acquire the habit of lying and it is astonishing how impossible it is to make it give it up.

거짓말이 습성이기에, 한번 버릇을 들이면 그것을 고치기가 좀처럼 쉽지 않기에, 어릴 적에 일찌감치 그 싹을 잘라야 한다는 것이다. 그 예로 자기가 잘 아는 재봉사를 소개하는데, 심지어 자신에게 유익한 경우에도 거짓말을 꼭 하고 마는 사람이라는 것이다.

하지만 거짓말이 혀끝에 밴 사람들은 16세기 몽테뉴가 알았던 이 무명의 재봉사 말고도 오늘날 우리 주변에서 늘 만날 수 있지 않은가.

X

부익부 빈익빈의 현실

Thomas More

【소개】

몽테뉴보다 한 두 어 세대 전에 활동한 영국의 법률가이자 정치인이자 지식인이었던 토머스 모어(Thomas More, 1478~1535)는 '유토피아' 란 말을 만들어 물려주었다. 당대 법조계 최고의 자리에 올랐던 모어였으나, 국왕 헨리 8세(Henry VIII)가 마누라들을 하나씩 죽이면서 자신이 교회의 머리가 되고 수도원을 약탈하는 등의 만행을 저지를 때 적극 지지하지 않은 괘씸죄를 뒤집어쓰고 사형장에서 목이 잘렸다. 모어에게 '유토피아' 는 그야말로 유토피아였을 뿐인가? 원래는 라틴어로 써서 유럽에서 출간한 그의 대표작의 1권에서 한 대목을 발췌했다. 2권에서 본격적으로 사유재산이 없는 공산주의 사회 유토피아 섬의 생활상을 소개하기에 앞서 현실 세계에 대해 이런 저런 토론을 하는 도중, 유토피아 생활을 하고 온 '라파엘'은 극중의 '모어' 에게 아래와 같은 말을 하고 있다. 여기에서 언급되는 플라톤은 『공화국』(*Republic*) 편으로, 플라톤이 생각한 이상사회에서 엘리트층은 재산과 여자를 서로 공유하는 '공산주의' 체제를 유지해야 한다고 보았다. 토머스 모어가 『유토피아』를 출판한 해는 1516년이다. 21세기 초에도 여전히 그의 목소리가 생생하게 다가온다면, 그것은 모어가 위대한 지성이기 때문이기도 하지만 지난 5 백년의 세월 동안 인간사회의 실질적인 발전은 사실상은 없었다는 증거이기도 할 것이다.

【텍스트】

When I think of the fair and sensible arrangements in Utopia, where things are run so efficiently with so few laws, and recognition of individual merit is combined with equal prosperity for all, I feel much more sympathy with Plato, and much less surprise at his refusal to legislate for a city that rejected egalitarian principles. It was evidently quite obvious to a powerful intellect like his that the one essential condition for a healthy society was equal distribution of goods – which I suspect is impossible under capitalism. For, when everyone's entitled to get as much for himself as he can, all available property, however much there is of it, is bound to fall into the hands of a small minority, which means that everyone else is poor. And wealth will tend to vary in inverse proportion to merit. The rich will be greedy, unscrupulous, and totally useless characters, while the poor will be simple, unassuming people whose daily work is far more profitable to the community than it is to them. (원문 일부 편집)

어휘

* egalitarian 평등(주의)의 * suspect 생각하다, 추정하다 * entitled to 권리가 있다 * in inverse proportion to 반비례해서 * unscrupulous 무도한, 무모한 * unassuming 겸손한, 잘난 체 하지 않는.

【분석】

특별히 자본주의와 사유재산의 원리를 자신의 종교적 신념으로 받아들여 신봉하는 독자가 아니라면 그렇게 어렵거나 거부감을 주는 글은 아닐 것이다. 첫 문장은 유토피아의 평등사회를 요약하며 칭찬해주는 내용과 이러한 입장의 선배 겸 원조로 플라톤을 거론하므로 자신의 권위를 확보하고자 하는 의도를 갖고 있다. 두 번째 문장에서는 한 번 더 플라톤을 예찬하는 듯 제스처를 취한다. 그러나 본인이 진정으로 하고 싶은 이야기는 평등주의 그 자체가 아니라, 현실 사회, 즉 자본주의의 모순이다.

> It was evidently quite obvious ... which I suspect is impossible under capitalism.

즉, 형태로만 보면 '사족' 처럼 붙은 "which …" 이하 절이 사실상 가장 중요한 진술인 것이다. 자본주의 사회에서 제대로 정의가 실현되지 못하는 이유는 사유재산 때문임을 이어지는 문장에서 다시 강조한다.

> For, when everyone's entitled to get as much for himself as he can, all available property, however much there is of it, is bound to fall into the hands of a small minority, which means that everyone else is poor.

물론 반론의 여지가 적지 않다.

꼭 이와 같은 양극화로만 치달아야 한다는 법이 어디에 있는가? 소위 '윈-윈' 이나 '상생' 도 가능하지 않을까?

대개 그렇다고 믿고 싶은 심정이 들기 마련이지만, 적어도 오늘날 지금 대한민국의 현실은 부익부 빈익빈의 양극화에 빠른 속도로 접근하고 있지 않은가? 게다가 옳고 선한 사람이 보다 많은 부의 보상을 받는 것이 아니라 오히려 그 정반대의 경우가 더 많다는 것, 이것 역시 경험상 부인할 수 없지 않은가? 소박하고 겸손한 가난한 다수 민중의 근면과 노동 덕에 떵떵거리는 졸부들의 사회, 그러한 졸부들이 권력을 잡고 위세를 부리는 나라, 우리가 사는 이 나라는 이런 나라가 아니라는 확신이 드는 날이 오면 얼마나 좋을까.

Y

홀아비의 불만

Charles Lamb

【소개】

마지막 텍스트는 대표적인 '수필'의 한 대목이다. 수필가 중 둘째 자리로 물러나라면 몹시 서러워할 영국 19세기 초의 수필가 찰스 램(Charles Lamb, 1775~1834)이 결혼해서 가정을 꾸리는 사람들의 행태를 비꼰 글이다. 우리나라에서 소위 '수필문학'의 원조 중 한 분인 피천득 같은 양반의 '수필'은 늘 이 램 선생의 글을 모범으로 삼았으니 그야말로 '수필다운' 글로 친숙하게 읽힐 것이다. 그러나 아무리 '붓 가는대로 자유롭게 쓴' 글이라고 해도 영어로 쓴 글은 여전히 논리적인 구조를 벗어나지 않는다. 지금까지 읽은 예시문들을 분석한 방식을 모두 골고루 적용해 보며 아래 글을 읽어보자. 논제는 별 대수롭지 않아 보인다. '수필' 이란 게 원래 그렇지 않던가. 사사로운 개인사의 문제를 주제로 놓고 이런저런 수다를 떠는 장르로 (적어도 한국에서는) 정착됐으니. 다만 이해를 위해 밝혀둘 것은 찰스 램은 평생을 독신으로 살았다는 사실이다. 독신으로 사는 게 뭐 대수는 아니나, 대부분 사람들은 결혼을 하고 가정을 만드는 길을 가기에, 독신은 아무튼 유별나 보인다. 하지만 이 독신자는 오히려 결혼과 가정의 길을 가는 대다수 사람들을 비꼬고 있다. 어떤 점이 그런지, 읽어보면 수긍이 갈까?

【텍스트】

Nothing is to me more distasteful than that entire complacency and satisfaction which beam in the countenances of a new-married couple – in that of the lady particularly: it tells you, that her lot is disposed of in this world: that you can have no hopes of her. It is true, I have none: nor wishes either, perhaps; but this is one of those truths which ought to be taken for granted, not expressed.

But what I have spoken of hitherto is nothing to the airs these creatures give themselves when they come, as they generally do, to have children. When I consider how little of a rarity children are – that every street and blind alley swarms with them – that the poorest people commonly have them in most abundance – that there are few marriages that are not blest with at least one of these bargains – how often they turn out ill, and defeat the fond hopes of their parents, taking to vicious courses, which end in poverty, disgrace, the gallows, etc. – I cannot for my life tell what cause for pride there can possibly be in having them.

어휘

* complacency 자기만족, 안이함

* beam 빛을 발하다, 기색을 하다 * countenance 얼굴 표정

* disposed of 처리 되다 * take for granted 당연한 것으로 받아들이다 * give airs 뻐기다, 잘난 체하다

* rarity 드문 일, 희귀함 * swarms (벌레 떼처럼) 우글거리다

* vicious 사악한 * gallow's 교수대

【분석】

첫 문단 첫 문장부터 저자는

Nothing is to me more distasteful than ...

으로 자신의 입장을 단호히 표명했다. 물론 "to me"라는

단서를 달기는 했으나, 이것이 순전히 개인적인 기분이나 취향의 문제라면 굳이 수필로 장황하게 글을 쓸 이유가 없다. 뭔가 제 3자도 공감하고 공유할 만한 바가 있다고 생각하니 글을 썼을 것이다. 결혼은 엄밀히 따지면 한 남자와 한 여자가 상대방을 배타적으로 '사유화' 하는 계약이다. 양측이 이를 매우 만족스러운 관계로 생각하는 것은 그 부부의 사정이지, 제 3자가 덩달아 만족하거나 기뻐할 이유는 없다. 그런데 굳이 이런 사실을 상기시키는 눈치, 즉,

> that you can have no hopes of her.

란 점을 분명히 느끼게 행동하는 신부에 대해 저자는 몹시 불쾌하게 생각한다. 남의 부인이 된 여자를 본인도 좋아했었기에? 그러한 반론에 대해서는

> nor wishes either, perhaps

로 답변을 했다. 문제는 그것이 아니라

> but this is one of those truths which ought to be taken for granted, not expressed

즉, 예의의 문제이기 때문이다. 램은 굳이 표현하지 않아

도 당연한 사실을 누누이 상기시키고 강조하는 고약한 자만심을 비판하는 것이고, 이런 점에서 그의 "distaste"는 보편성을 얻게 된다.

이어지는 문장은 이러한 보편화를 좀 더 과감히 시도했다. 램 본인은 독신이니 부인도 없고 아이도 없다. 게다가 평생 그렇게 산 것을 보면 본인의 생활방식과 처지에 대해서 상당히 만족했고 가정을 꾸린 다른 사람들을 부러워하지 않았을 것 같다. 그렇다고 '내 생활방식에 나는 만족한다'는 말을 그대로 하면 역시 굳이 수필로 써서 남과 공유할 거리가 못된다. 그래서 아이를 갖는 게 무슨 자랑거리가 되겠냐는 논지를 일반화 하고자 시도한다. 앞서 읽은 프란시스 베이컨의 글과 비교할 만하지만, 램이 훨씬 더 직설적이다. 시대가 변해서 각자 개인적인 취향과 느낌을 맘껏 표현하는 게 용인되는 '낭만주의 시대'의 저자이니 그럴 법하긴 하지만, 램 본인의 성품도 한 몫 했다고 봐야 할 것이다.

램의 논지는 비교적 간단하다. 아이를 갖는 게 자랑거리가 아닌데 왜 아이를 낳으면 그렇게도 빼기는지 모르겠다는 것이니.

아이들이 사방에 넘쳐나는 모습을 늘 보고 다니는 런던

사람 램으로서는 당연히 그렇게 주장할 법하다. 그런데

> how often they turn out ill, and defeat the fond hopes of their parents, taking to vicious courses, which end in poverty, disgrace, the gallows, etc.

에 이르면 너무 지나친 비약이 아니냐고 반문하고 싶은 마음이 생긴다. 그 전에 특히 가난한 사람들이 제일 아이를 많이 낳는다는 편견을 드러낸 직후이니 더욱 거부감이 생길 법하다. 또한 남의 아이가 잘못 되기를 바라는 저주도 깔려 있는 셈 아닌가.

하지만 자식에게 '올인' 하고 자식에게 목숨을 거는 한국인들로서는

> I cannot for my life tell what cause for pride there can possibly be in having them

같은 주장은 귀담아 들을 만한 얘기일지 모르겠다. 과연 자식이 자랑거리인 경우가 인생에 몇 번이나 될까.

'어! 이게 다예요? A에서 Y까지' 이렇게 묻는 독자들에게 변명 겸 한 마디 한자면, Y에서 끝난 이유는 필자의 성이 영문으로는 Y로 시작하고 필자의 직장도 마찬가지로 Y

로 시작하니까 … 라고 하는 것은 농담이고, 진짜 이유는, 다음과 같다.

A에서 Z까지 지문을 채워놓았다고 해서 마치 영어독해 지문의 모든 것을 다 표용한 것은 절대로 아니다. 오히려 마지막 Z의 자리를 비워두므로 독자 여러분이 좀 더 많은 글을 각자, 여기에서 보여준 방식을 적용해서, 읽고 또 읽기를 바라는 마음을 표현했다. 독자 여러분이 각자 알아서 Z의 자리를 늘 다른 글로 채워주길 바라며 이 책을 맺는다.

부록 1

예문번역

1. 예문번역

A. 예문번역 Part 1

(a-1) P. 24

오대수는 납치되어 15년간 사설 집안 감방에 감금되어 있다. 석방되자마자 그는 그 자신을 감금했던 자에게 한 가지 임무를 부여받는다. 즉, 왜 갇혀 있었는지를 알아내는 것이다. 10년 하고 또 5년의 세월 동안 쌓아온 공격성과 불타는 호기심을 품고, 오대수는 자신의 삶을 빼앗아간 그 이유에 대한 답을 찾아 나선다.

(a-2) P. 26

한 평범한 남자가 납치되어 누추한 감방에서 영문도 모른 채 15년간 갇혀있다. 그리고서는 석방되는데, 그에게 돈, 휴대폰, 비싼 옷이 주어진다. 그가 자신이 수감

된 연유를 규명하고 복수를 하려고 애쓰는 도중 그는 이내 자신을 납치한 자가 여전히 자신에 대한 모종의 계획을 갖고 있을 뿐 아니라 그 계획이 15년간의 감금 생활에 대한 심지어 더 심한 결미를 장식하게 해줄 것임을 발견한다.

(a-1-1) P. 34

「올드보이」는 주인공 오대수의 진기한 운명을 다룬 영화이다. 오대수는 납치되어 …

(a-2-1) P. 35

… 이런 점에서 「올드보이」는 주인공 오대수의 진기한 운명을 다룬 영화라고 할 수 있다.

(a-3) P. 37

「올드보이」는 2004년 칸느 영화제에서 심사위원 대상과 심사위원장인 영화감독 쿠엔틴 타란티노의 극찬을 받았는데, 타란티노 감독은 심사위원들에게 「화씨 9.11」 대신 이 영화에 황금종려상을 주자고 설득을 했지만 실패했다. 미국에서도 이 영화에 대한 평가는 매우 좋아서, 라튼토메이토 닷컴에서 '확실히 신선함'에 해당되는 81 점을 받았다. 저명한 영화평론가 로저 에버트는 「올드보이」가 '강렬한 영화'라고 주장했다.

(a-1-2) P. 42

주인공 오대수에게 무슨 일이 일어나는데?

…

그 다음에는 어떻게 돼? 그 친구가 풀려나나?

…

그러면 왜 자기가 잡혀있는지도 몰랐다는 건가?

…

그렇군!

(a-3-1) P. 45

「올드보이」가 뭐 대단한 영화인가?

…

진짜? 하지만 미국에서는 어땠는데?

…

그렇군. 그런데, '라튼토메이토즈 닷컴'에서 좋은 점수를 얻었다고? 하지만 그게 무슨 전문적인 비평적 평가는 아니잖아?

…

좋아, 그렇다면 말이 좀 더 되긴 하네.

(a-3-2) P. 46

독자1: 흠… 칸느 영화제라고? 그 친구들은 대개 이상

야릇한 걸 좋아하잖아, 안 그래? 걔들은 할리우드에 대해서는 편견이 있으니까 비 할리우드 영화를 좋아하는 거 아니야?

독자2: 뭐라고? 쿠엔틴 타란티노? 와, 난 그 사람 열렬 팬인데. 진짜 그 사람 대단한 영화감독 아니니?

독자3: 황금종려상이랑 심사위원대상, 어떤 게 더 큰 상인데? 내가 듣기에는 좀 헷갈리는군.

독자4: 「화씨 9/11」이라니! 그건 영화가 아니잖아. 그건 다큐멘터리라고. 불공평해. 「올드보이」가 한국 영화라서 그런 거야? 그 자들은 우리 한국 사람들에 대해서 편파적이군!

(a-3-3) P. 49

독자1: 「올드보이」가 뭐 그리 대단하단거지?

(다음 대사는 위의 a-3-2 번역 참조.)

...

독자1: 좋아, 그러나 당신 지금 내 질문에 대답을 안 하고 있군. 칸느가 좋다고 해서 그 영화가 좋은 영화라고 할 이유가 어디 있어? 게다가 타란티노도 이상야릇한 친구잖아. 그 사람이 어떤 영화가 좋다고 하면, 우리가 그 말을 믿어야 해?..

독자1: 잠깐, 누가 무슨 말을 했다고? 미안하지만, 못 들었는데. 난 여전히 타란티노 생각을 하던 중이라서 …

(a-3-4) P. 50

독자: 『올드보이』에 대한 당신의 논점이 뭐요? …

독자: 그러니까, 『올드보이』가 칸느에서 성공적이었다고 주장하려는 거군요. 좋소. 하지만 미국에서는 어땠나요? …

독자: 이 영화가 미국에서도 비평적인 성공을 했다는 것이군요. 하지만 "라튼토메이토즈 닷컴"에서의 점수가 꼭 전문적인 비평적 평가라고 할 수는 없지요? …

독자: 좋소, 그렇다면 좀 더 수긍이 가는군요.

(a-3-5) P. 52

쿠엔틴 타란티노? 그 분은 정말 대단한 영화감독 아니니? 만약 그 분이 그 영화를 좋아했다면, 정말 좋은 영화인 게 분명해. 다른 미국인들도 그 영화를 좋아했나?

(b-1) P. 54

서울에 사는 사업가 오대수(최민식 역)는 술판에서 난동을 부리다 체포되었다가 풀려나지만 집에 오는 길에 납치된다. 15년간 그는 창문도 없는 어떤 사설 감방에 갇힌 채 아무도 보지 못하고 필요할 경우 약물로 통제받는다. 그에게는 책 몇 권과 텔레비전 한 대가 주어졌는데 티브이를 보고 자신이 자기 아내를 살인한 혐의로 수배중임을 알게 된다. 그는 일기 겸 자서전을 쓰면서 자신이 갇힌 데 대한 단서를 자신의 과거에서 탐색해보고 또한 자신의 변화하는 정신 상태를 기록한다. 아울러 그는 스스로를 아주 막강한 싸움 기계로 연단한다. 갑자기 석방되어 다른 세상으로 변해버린 바깥으로 나아왔을 때 그는 찰스 브론슨을 좀 더 사납고 거칠게 변신시켜놓은 모습과 유사한데, 그는 스스로를 몽테 크리스토 백작과 동일시하며 그와 같은 복수의 여정을 시작할 차비가 되어 있다.

(b-1-1) P. 56

그래, 영화가 그렇게 시작하고 영화의 주인공이 그런 인물이라고. 그러면, 그 다음에는 어떻게 되지?

...

정말 끔찍하군! 그런 상태에 있으니 정신이 돌았겠군, 안 그래?

...

알겠어, 그러니까 바깥 세계와 자신에 대한 정보를 전혀 못 얻는 것은 아니군. 죄수는 그럼 완전히 수동적인 상태로 머물러 있나?

...

자신을 추스르려는 노력을 또 어떤 것을 하지?

...

그렇군. 흥미로운 친구네. 그런데 석방이 되긴 해?

(c-1) P. 62

「올드보이」는 극단적 영화를 가장 멀리 끌고 간 사례를 찾아보려면 아시아로 가야 한다는 사실을 확실히 보여준다. 이 영화의 가장 끔직한 악몽은 감옥에서 보낸 15년이란 세월로, 어안이 벙벙해진 관객은 이것이 말할 수 없이 긴 시간인지 아니면 혹시 박찬욱이 만들어내는 허무주의적인 황무지에서는 말할 수 없이 짧은 시간인지 궁금해 하게 만든다. "원수를 다 갚은 다음에는 어떻게 되는 거지?" 대수는 궁금해 한다. "필경 숨겨진 고통이 다시 돌아오겠지." 이 작품은 당신의 목에다 차디찬 칼날을 갖다 대는 듯 한 영화이다.

(b-2) [첨가한 부분만] P. 65

··· 누가 그를 잡아들였는지는 분명하지 않지만 분명한 점은 ··· 하지만 그렇다고 그가 완전히 멍청한 상태로 유지되는 것은 아니다 ··· 또한 그가 전적으로 수동적인 상태로만 있는 것도 아니다 ··· 머리를 쓰는 것이 그가 하는 일의 전부는 아니다 ···

(c-2) [첨가된 부분만] P. 69

… 이 영화는 단지 생생한 폭력묘사에 있어서만 극단적인 것은 아니다. 보다 중요한 점은 명확한 대답을 제공하지 않으려는 급진적인 태도이다. 예를 들어 … 폭력행사를 통해 그 무엇도 해결되거나 명료해지지 않는다, 당신에게 친숙한 전형적인 할리우드 액션 영화와는 달리.

(c-2-1) [독자부분만] P. 71

극단적 영화라? 물론 그렇겠지, 당신이 요약한 바를 따르면 이 영화는 폭력적이고 잔인하고 끔직한 것들로 꽉 차 있는 듯하니까.

…

그렇다면, 그 외에 제공하는 게 또 뭐가 있다는 건가?

…

그렇다면 이 영화는 폭력적일 뿐 아니라 아주 이해하기도 불가능하군! 폭력 그 자체를 위한 폭력?

…

이봐, 당신 내 질문을 회피하고 있잖아. "허무주의적 황무지"라고? 명확한 대답이 없기 때문에?

…

폭력이 등장하지만 아무것도 해결을 못한다? 그거 정말 허무주의군!

…
그 말 참 흥미롭군.

(c-3) P. 75

박찬욱은 영화감독이 되기 전에 철학도였는데, 여전히 그는 철학적 관심을 유지하고 있다. 『올드보이』의 격앙된 액션 이면에는 죄의식, 책임감, 도덕성 등에 대해 의문들이 해답 없이 깔려 있다. 이 영화의 핵심 문제는, 플롯이 급반전할 때마다 매번 바짝 그 뒤를 쫓아다니는 질문인 바, 부도덕한 행위가 만약 그런 행위를 한 죄인이 이를 의식하지 못한 경우에도 여전히 부도덕한가이다. 하지만 이런 도덕성의 문제는 순전히 개인적인 차원에 머문다. 호텔방에 갇혀 있는 동안 대수는 시간의 흐름을 티브이를 보며 감지한다. 하지만 온갖 중차대한 사건들이 그의 작은 방으로 흘러들어오는 모습은 (분할된 화면을 통해 우리는 그가 다이애나 왕비의 죽음, 21세기로의 전환, 세계무역센터의 붕괴 등의 보도를 보는 모습을 본다) 이 사건들이 화면 안에만 담겨있기에 대수의 경험과는 전혀 상관없이 생소해 보인다. 대수란 인물은 개인적인 문제에 함몰되어 있고 그의 적도 마찬가지인데, 적의 행동 동기가 무엇인지 들어났을 때는 그것은 거의 초현실주의적이라고 할 정도로 주관적인 것으로 보인다.

(c-3-1) [독자부분] P. 78

그래서? 이 폭력적인 액션 영화가 철학이란 무슨 상관이 있겠어?

...

지금 "죄의식, 책임감, 도덕성 등에 대해 의문들"을 거론하지만, 그게 다 서로 다른 문제들 아닌가? 이중에서 가장 중요한 문제가 질문이 무엇이지?

...

죄를 진 자의 책임? 이건 철학적 문제가 아니라 사회적이고 공적인 문제잖아, 안 그래?

...

어떤 면에서?

...

그래서?

...

중심 플롯은 어떠하지? 그것도 개인적이고 주관적인가?

...

[정답]

『올드보이』는 도덕과 죄의 문제를 순전히 개인적인 문제로 다루고 있다.

1. 예문번역

B. 예문번역 Part 2

[A] Keynes P. 90

독자란 모름지기 말하자면 책 그 자체와 광범위하고 포괄적으로 친숙해져야 할 것이다. 자신의 모든 감각을 동원해서 책에 접근해야 할 것이며, 책의 감촉과 냄새를 알아야 할 것이다. 독자는 책을 손에 집고서 한 순간 페이지를 넘기고 몇 초 만에 책의 내용에 대한 첫 인상을 직관적으로 갖는 법을 익혀야 한다. 세월이 흐르다 보면 수 천 권, 적어도 실제로 읽는 책의 한 10배는 더 만져봤어야 한다. 마치 양치기가 양떼를 굽어보듯 책들을 한 눈에 볼 수 있어야 하고 가축 거래상이 가축을 유심히 바라보듯 재빠르고 예리한 눈치로 책을 품평해야 한다. 독자는 자기가 읽는 것보다 훨씬 더 많은 책과 같이 살아야 하는데, 이 책들에서 읽지 않은 페이지들이지만 대략적인 성격이나 내용을 알고 있는 그늘진 부분들이 마치 나비처럼 주위를 팔락거리게 놔두면서 말이다.

[B] Dickens P. 97

우리가 거주하는 호텔은 길가에 접해있는 작은 집들이 한 줄로 나란히 붙어있는 형태이고 집 뒤편은 공동의 안뜰로 열려있는데, 거기에 큼직한 트라이앵글이 걸려 있다. 하인이 필요할 때마다 누군가가 한 번에서 일곱 번까지 호출이 필요한 집 호수의 번호만큼 트라이앵글을 친다. 그런데 하인들을 모두 늘 불러낼 필요가 있고 아무 하인도 도무지 나타나질 않으니 이 활기찬 기계는 하루 종일 풀가동된다. 같은 안뜰에 빨래가 널려있고, 머리에 수건을 동여맨 여자 노예들이 호텔 일로 우왕좌왕 뛰어다니고 있고, 이 작은 광장 가운데 쌓아놓은 벽돌 찌꺼기 위에서 큼직한 개 두 마리가 놀고 있고, 돼지 한 마리가 벌렁 누워 햇볕을 배에다 쪼이며 "거 참 편안하구만!"하며 꿀꿀거리고 있는데, 남자건 여자건 개들이건 돼지건 그 어떤 창조된 피조물도 트라이앵글에 대해서는 조금도 신경을 쓰지 않으니, 계속 이 물건은 미친 듯 쨍쨍 귀를 울려댄다.

[C] Lewis P. 101

사탄이 우리의 먼 조상들의 머릿속에 집어넣은 것은 이들이 "신들과 같아질 수 있다"는 관념인 바, 달리 말해서 이들이 마치 스스로 자신을 창조한 것인 양 독자적으로 자립할 수 있으며, 스스로 자신들의 주인이 되어 하느님과 별개로, 하느님과 동떨어진 상태에서 일종의 행복을 스스로에게 지어내어 줄 수 있다는 생각이었다. 그리고 바로 그런 가망 없는 시도에서부터 우리가 인간 역사라고 부르는 바들의 거의 모두가 비롯되었으니, 돈, 빈곤, 야망, 전쟁, 매춘, 계급, 제국, 노예제도 등, 인간이 하느님이 아닌 그 무엇으로 자신을 행복하게 만들 것을 찾는 그 길고 끔직한 이야기가 인간의 역사인 것이다. 이런 시도가 절대로 성공할 수 없는데, 그 이유는 이것이다. 하느님이 우리를 만들었기 때문이다, 마치 인간이 기계를 만들 듯이. 자동차는 휘발유를 넣어야 움직이게 되어 있지 다른 것을 넣으면 제대로 작동하지 않는다. 그런데 하느님은 인간 기계가 하느님을 연료로 움직이도록 설계하셨다. 하느님 자신이 우리의 영혼이 태울 연료 내지는 우리의 영혼이 먹어야할 양식인 것이다. 그 외에 다른 대용물은 없다. 그렇기 때문에 하느님한테 우리가 종교와 상관없이 행복하게 해달라고 요구하는 것은 전혀 소용없는 일이다.

[D] Dawkins P. 110

두뇌가 생존 기계의 성공에 기여하는 주요 방식은 근육 수축의 통제와 조절이다. 이를 위해 두뇌와 근육을 연결하는 케이블이 필요한 데 이것을 운동신경이라고 부른다. 그러나 유전자의 효과적인 보전으로 이어지려면 오직 근육수축의 타이밍이 바깥 세계의 타이밍과 어떤 상관관계를 갖아야만 한다. 가령 뭔가 씹을만한 것을 입에 물었을 때 턱 근육을 수축시켜야 하고 뭔가 달려갈 만한 대상이나 도망칠만한 상황이 있을 때만 다리근육을 달리는 형태로 수축시켜야 한다. 이런 이유에서 자연의 선택은 감각기관을 갖추게 된 동물들을 선호했던 것인데, 이들 감각 기관은 외부 세계의 물리적 사건들의 패턴을 뉴론의 맥박코드로 전환시켜주는 장치들이다. 뇌는 눈, 귀, 혀의 미각감지 부분 등 감각기관에 감각신경이라고 불리는 케이블들을 통해 연결되어 있다. 이들 감각체계의 작동은 인간이 만든 가장 좋고 값비싼 기계보다도 훨씬 더 정교한 패턴인식의 과제를 성취해내기에 특히 당혹스러울 정도로 복잡하다. 만약 그렇지 않았다면 타이피스트들이 일체 필요 없게 될 것이고 대신 음성인식 기계들이나 육필 글씨를 읽는 기계로 대체될 것이다. 인간 타이피스트들은 향후 몇 십년간 여전히 필요할 것이다.

[E] Berger P. 117

[1] 미술관 방문자들은 전시된 작품들의 수가 엄청나게 많고 그러다보니 이중 몇 개 밖에는 집중해서 감상하지 못하기에 이것이 자신들의 탓이라는 자책감에 압도당하는 적이 비일비재하다. 사실 이런 반응을 하는 것은 매우 일리가 있다. 미술사는 유럽 고전미술에서 빼어난 작품과 평균 정도 되는 작품이 어떤 관계가 있는지의 문제를 이제껏 전혀 해명한 바 없다. '천재성'의 개념은 그 자체로는 적절한 답이 못된다. 그 결과가 미술관 벽에 혼란스런 모습으로 남아 있다. 삼류급 작품들이 뛰어난 작품을 에워싸고 있으며 양자를 근본적으로 구분하겠다는 의식이, 그걸 설명하지 않는 것은 물론이요, 전혀 없다.

[2] 그 어떤 문화권의 예술에서나 재능의 차이는 큰 폭을 보이기 마련이다. 하지만 그 어떤 문화권에서도 (서구) 유화 전통만큼 "걸작"과 평균작간의 차이가 그처럼 큰 경우는 없다. 유화에서 있어서 이런 차이는 기교나 상상력의 문제일 뿐 아니라 사기의 문제이기도 하다. 평균 수준의 그림들은 17세기 이후로는 점점 더 대개 냉소적으로 만든 작품들이다. 다시 말해서 이들이 명목적으로 표현하는 가치가 화가 자신에게 갖는 의미보다 자신이 맡은 주문을 끝내거나 만든 그림을 판다는 데 더 큰 의미가 있는 작품들이다. 돈벌이로 하는 일이

라고 해서 꼭 재주가 모자라거나 촌스러운 솜씨의 소치라는 법은 없다. 그것은 시장이 점점 더 예술에 대해 집요한 요구를 해오는 상황의 소치이다. 유화의 시대는 개방된 미술 시장의 부상과 일치한다. 바로 예술과 시장의 이러한 모순에서 예외적인 작품과 평균작 간의 대조 내지는 대립이라고 할 형편에 대한 설명의 근거를 찾아야 할 것이다.

[F] Marx P. 127

노동의 생산력의 발전과 함께 자본의 축적은 상대적으로 높은 임금 수준에도 불구하고 가속화될 것이다. 그러나 축적의 진전과 동시적으로 자본의 구성에 있어서의 점진적 변화가 발생한다. 기계, 원료 등 생산 수단의 온갖 형태로 이루어진 자본의 부분은 자본의 다른 부분, 즉 임금 내지는 노동의 구매에 투자한 부분과 비교할 때 점차 보다 더 커진다. 자본의 이 두 가지 요소 간의 비율이 최초에는 1대 1이었다면 산업의 진전에 따라 5대 1 등으로 변한다. 총 자본을 600이라고 할 때 300은 도구, 원료 등에 투자돼 있고 300은 임금에 투자됐다고 할 때 총자본은 단지 두 배로만 늘어나면 300에 해당되는 노동력이 아닌 600에 해당되는 노동력에 대한 수요를 창출할 수 있다. 그러나 만약 600의 자본에서 500이 기계, 원료 등에 투자돼 있고 단지 100만이 임금에 투자됐다면 300이 아닌 600의 노동력에 대한 수요를 창출하려면 같은 자본이 600에서 3,600으로 늘어나야만 한다. 따라서 산업의 진전에 있어서 노동에 대한 수요는 자본의 축적과 보조를 같이 맞추지 않는다. 그것이 늘어나기는 하겠지만 자본의 증가와 비교할 때 지속적으로 감소하는 비율로 증가하는 것이다.

[G] Hawking P. 132

우리는 말하자면, "우주의 경계 조건은 경계가 없다는 데 있다"고 할 수 있다. 우주는 완전히 자족적이어서 그 외부의 어떤 것에도 영향을 받지 않을 것이다. 그것은 창조되지도 파괴되지도 않는다. 다만 그대로 존재할 뿐이다. 공간과 시간이 경계선 없는 닫힌 평면을 형성할 수 있다는 관념은 우주의 문제에 관여할 하느님의 역할에도 심오한 함의를 갖는다. 사건을 설명하는 과학적 이론의 성공으로 인해 대부분의 사람들은 하느님이 우주를 일련의 법칙에 의해 진화하도록 허용하지, 직접 우주에 개입해서 이런 법칙을 깨지는 않는다고 믿게 되었다. 그러나 이런 법칙들은 우주가 처음 시작할 때 어떤 모습이어야 했을 지에 대해서는 말해주는 바가 없다. 여전히 하느님이 시계태엽을 감아서 어떻게 우주를 작동시킬지를 결정해야 했을 것이다. 우주가 시작점이 있었던 한 우리는 창조주가 있었다고 가정할 수 있다.

하지만 만약 우주가 사실상 완벽하게 자족적인 것이라면, 경계선이나 모서리를 가지고 있지 않다면, 시작도 끝도 없을 것이요, 그저 단순히 존재하기만 할 것이다. 그렇다면 창조주가 설 자리가 어디에 있겠는가?

[H] Russell P. 138

우리는 어떤 면에서는 점점 더 동물들과 달라져왔다. 특히 두 가지 측면을 생각해 볼 수 있는데, 첫째는 타고난 것에 반대하는 의미에서 획득된 기술이 인간의 삶에 있어서 차지하는 부분이 지속적으로 증가한다는 것이고, 둘째는 예측이 충동을 점점 더 지배한다는 점이다. 이 두 측면에서 우리는 확실히 동물들과 점점 더 달라져왔다. 그런데 행복의 문제에 있어서 어떠한지는 나는 그리 확신이 서지 않는다. 물론 새들은 철새가 아닌 한 겨울철에 상당수가 굶어죽는다. 그러나 여름에는 이러한 재난을 예측하거나 이전 겨울에 간신히 죽을 고비를 넘겼다는 기억은 하지 않는다. 인간들에게는 상황이 다르다. 기아로 죽는 인간은 누구건 불안에 떨고 마찬가지로 불안해하는 이웃들과 둘러싸여 지내는 긴 예비 기간이 앞선다. 우리는 실제로 우리에게 닥치는 해악 뿐 아니라 우리가 우려할 이유가 있다고 우리의 지능이 알려주는 모든 해악 때문에도 고통 받는다. 인간은 예측을 통해 충동을 제어하는 덕에 물리적 재앙을 피할 수 있지만 그 대가로 근심에 시달리고 대체로 즐거움을 상실한다. 안정된 수입을 즐긴다고 하지만 내가 아는 학자들이 이들 유식한 양반들이 꾸벅꾸벅 조는 동안 식탁에서 떨어진 빵부스러기를 먹는 생쥐들만큼 행복하리라고 생각하지는 않는다.

[I] Dworkin P. 144

미국에서 포르노 산업은 레코드와 영화 산업을 합친 규모보다 크다. 경제적으로 빈곤해지는 추세가 광범위한 시기에도 이 산업은 성장하고 있다. 점점 더 많은 남성 소비자들이 점점 더 많은 돈을 포르노에 기꺼이 쓰고자 한다. 여성을 천한 매춘부로 묘사하는 포르노에 말이다. 포르노는 이제 케이블 텔레비전으로도 제공되고 가정에서 비디오 기계로 볼 수 있도록 판촉되고 있다. 이런 테크놀로지 자체가 테크놀로지에 의해 열려진 시장의 수요에 맞춰 점점 더 많은 수의 '포르네이아'(희랍어로 '매춘부')를 창출하도록 요구한다. 실제 여성들이 끈에 묶이고, 바닥에 펼쳐지고, 목을 메이고, 섹스를 당하고, 집단 윤간을 당하고, 채찍질을 당하고, 얻어맞으면서, 더 해달라고 빈다. 사진과 영화 속에서 실제 여성이 포르네이아로 사용되고 있고 포르네이아로 묘사되고 있다. 여성이 학대당하며 그걸 즐기는 모습을 시각적으로 소비하는 시장을 테크놀로지가 확대시킴에 따라 이윤을 얻기 위해 포주들은 포르네이아들을 공급해야 한다. 그림 한 장이 말 천 마디의 값어치와 같다. 시장의 수요를 충족시키기 위해 필요한 그림의 숫자는 시각적 묘사에 대한 수요를 충족시키는 데 필요한 포르네이아의 숫자를 결정한다. 이 숫자는 기술이 발전하고 기술의 접근성이 늘어남에 따라 증가한다. 테크놀로지는 그 속성상 점점 더 시각적 묘사에 대한 수동적 동조를 장려한다. 수동성은 이미 쉽게 속아 넘어가는 소비자를 더욱 더 그러하게 만든다. 소비자는 이미 신도로서 포르노에 접근하지만, 떠나갈 때는 선교사로 변해 있게 된다. 테크놀로지 그 자체가 테크놀로지가 제공하는 여성의 사용방식을 정당화하는 것이다.

[J] Hayek P. 154

부의 창출은 단순한 물리적 과정이 아니며, 원인과 결과의 사슬로만은 설명할 수 없다. 그것은 어떤 특정한 지능이 알 수 있는 객관적 물리적 사실들로 결정되는 것이 아니라 서로 분리돼 있고 서로 상이한 수백만 지능들의 정보들을 통해 결정되는 것으로, 이것은 추후 결정을 인도하는 지표로서 가격에 의해 촉진된다. 특정 방식을 통할 때 보다 많은 이윤을 얻게 될 것이라고 시장이 개별 사업가에게 알려줄 때 가용한 그 어떤 다른 방법보다 그는 자신의 이익에 더 많이 기여할 뿐 아니라 총합에도 보다 큰 기여를 하게 된다. 왜냐하면 이들 가격은 시장 참여자들에게 전체 노동의 분화가 기초해 있는 핵심적인 순간적 조건들에 대한 정보를 주기 때문인데, 이 조건이란 서로 상이한 자원들이, 다른 재화를 생산하는 수단으로서이건 인간의 특정 필요를 충족시키기 위한 것이건, 상호 전환 가능성의 정확한 비율이다. 이를 위해서는 인류 전체에게 가용한 양이 어떠한지는 심지어 무관하기 조차하다. 다양한 물품들의 가용한 종합의 양에 대한 이러한 소위 '거시 경제적' 지식은 주어질 수도 없고 필요하지도 않은 것이며 쓸모조차도 없을 것이다. 엄청나게 다양한 상품들이 다양하게 조합되어 있는 형태인 생산의 총합을 재보겠다는 그 어떤 관념도 그릇된 것이다.

[K] Mill P. 163

남성들은 단지 여성의 복종만을 원하는 것이 아니라 그들의 감정을 요구한다. 가장 야수 같은 축들을 제외한다면 모든 남성은 자신들과 가장 가까운 관계에 있는 여성이 강제로 노예가 된 사람이 아니라 총애하는 노예가 되기를 원한다. 그리하여 남성들은 이들의 정신을 노예상태로 만들기 위한 온갖 장치들을 이용해왔다. 다른 종들의 주인들은 복종상태를 유지하기 위해 공포심, 주인에 대한 공포이거나 종교적인 공포심에 의존한다.

여성의 주인은 단순한 복종 그 이상을 원했기에 이들은 그 목적을 달성하기 위해 교육의 힘을 모두 동원했다. 모든 여성은 가장 어린 나이 때부터 이들이 이상으로 삼을 성격은 남성의 그것과 매우 다르다는 것, 즉, 자기 의지나 스스로를 관리하는 것이 아니라 남들의 통제에 순종하고 이를 받아들이는 것이라는 신념을 주입받으며 큰다. 모든 도덕률은 이것이 여성의 도리라고 이들에게 말해주며 모든 당대의 정서들은 이것이 여성의 속성이라고, 남을 위해 살며, 자신을 완전히 부인하며, 오로지 감성적 삶 외에는 다른 삶이 없어야 한다고 말해준다. 그리고 이들의 감성이라는 것은 갖도록 허용된 것만을 의미하니, 이는 이들과 관계를 맺는 남성들과 이들과 남성 사이의 추가적이며 끊을 수 없는 연줄의 끈이 되는 자녀들에 대한 감성만을 의미한다.

[L] Hazlitt P. 173

정부는 국민의 이익을 위해 제도화 된 것이라는 점에 대해서는 의심의 여지가 없다. 그러나 정부가 절대적이 되고 국민으로부터 독립해 버리면 정부의 이익은 국민의 이익과 직접적으로 충돌할 수밖에 없다. 한쪽의 이익은 공통되고 균등한 권리이고, 다른 편은 배타적이고 불공평한 특권이다. 전자의 본질은 모든 사람과 똑같이 공유되고 널리 퍼지는 정도만큼 공동체에게 혜택이 되는 데 있는 반면, 후자의 본질은 서로 나누면 파괴되며 국민이 불이익을 받아야 존속 된다는 데 있다. 권리와 특권은 서로 모순되는 개념들이다. 왜냐하면 누가 자신의 권리보다 더 많이 가질 때 다른 이들은 그만큼 덜 갖어야 하기 때문이다.

[M] Chomsky P. 180

비록 사담 후세인 정권이 끔찍하고 야만적이긴 해도 그래도 그는 석유 이윤을 국가발전으로 연계시키긴 했다. "폭력을 통치수단으로 사용하는 정권의 수반인 폭군"으로 "인권 기록이 흉측"하긴 하지만, 그럼에도 "이 나라의 인구의 절반을 중산층으로 끌어올렸고, 전 세계 아랍인들은 … 이라크의 대학들로 유학을 왔다." 그런데 1991년 전쟁은 상수도, 전력, 하수도 체제의 의도적인 파괴와 연루돼 있었기에, 엄청난 희생자를 낳았고, 미국과 영국이 부과한 제재는 이 나라를 겨우 생존만 할 정도의 지경으로 끌어다 놓았다. 한 가지 예를 들자면, 유니세프의 2003년 「세계 어린이의 현황 보고서」는 "지난 10년간 이라크의 퇴행 정도는 조사한 193개 나라 중에서 비교가 안 될 정도로 가장 극심하다"며, 영아사망률이 "아동 복지의 가장 확실한 단일 지표"인 바, 이것이 신생아 1,000명당 50에서 133명으로 늘어났고, 이것은 아프리카 밖의 모든 나라들 중 캄보디아와 아프

가니스탄을 제외하면 가장 한심한 수치라고 한다. 호전파 군사 전문가 두 사람도, "경제 제재가 인류 역사상 소위 대량살상 무기로 인해 죽임을 당한 사람보다 더 많은 죽음의 필연적인 원인이었을 가능성이 충분히 있다"는 지적을 할 정도이다.

[N] King P. 190

당신들(알라바마 주의 동료 종교 지도자들)의 성명서의 핵심 주장 중 하나는 저와 제 동료들이 버밍엄에서 취한 행동이 현 시점에서 부적절하다는 것입니다. "왜 새 시정부가 행동할 시간을 주지 않으셨나요?" 어떤 분들은 이렇게 묻기도 했습니다. 이런 질문에 대해 제가 드릴 수 있는 유일한 대답은 새 버밍엄 행정부도 이전 행정부나 마찬가지로 행동을 하게 만들려면 끝없이 쑤셔대고 귀찮게 굴어야 한다는 것입니다. 동료 여러분, 저는 우리가 합법적이고 비폭력적 방법으로 단호히 압력을 가하지 않았다면 단 한 가지 민권투쟁의 성과도 얻지 못했을 것임을 여러분에게 말씀드리지 않을 수 없습니다. 통탄스럽게도, 특권적인 집단이 자발적으로 자신의 특권을 포기하는 법은 거의 없다는 것이 역사적 사실입니다. 개인들은 도덕적인 깨달음을 얻은 후 자발적으로 자신의 옳지 못한 태도를 포기할 수 있을지 모릅니다만, 라인홀트 니버(미국의 존경받는 신학자, 1892-

1971)가 우리에게 상기시켜준 대로, 집단은 개인보다 더 비도덕적인 경향이 있습니다. 우리는 뼈아픈 경험을 통해 자유가 압제자에 의해 자발적으로 주어지는 것이 절대로 아님을 알고 있습니다. 자유는 억압받는 자들이 요구해야만 하는 것입니다. 솔직히 말해서 "좀 기다려봐!"라는 말을 듣는 이들이 볼 때 "시기가 적절한" 직접적 운동이란 것은 아직 관여해본 적이 없습니다. '기다리라'는 말은 모든 흑인이 귀가 아플 정도로 익히 들었던 말입니다. "기다려라!"는 말은 거의 언제나 "절대로 안돼!"란 말을 의미해왔습니다. 우리는, 우리의 탁월한 법학자 한 분이 말씀한대로, "정의를 너무 오래 지연시키는 것은 정의를 부인하는 것"이라는 점을 직시해야 할 것입니다.

[O] Forster (1) P. 201

개인적 관계는 요즘 경멸당한다. 그것은 부르주아적 사치로, 이제 가 버린 옛 한가한 시절의 산물로 간주되며, 그런 것은 없애버리고 대신 어떤 운동이나 대의명분에 헌신하도록 촉구하는 분위기이다. 나는 대의명분이란 개념 자체를 혐오할 뿐더러, 나보고 내 나라를 배반하는 것과 내 친구를 배반하는 것 사이에서 선택하라고 한다면 나는 내 나라를 배반할 용기를 내가 갖고 있는 쪽이길 바란다. 그런 선택을 하겠다는 말에 이 시대의 독자들은 분개할 법하고 자신의 애국적인 손을 뻗쳐서 즉시 전화통을 들고서는 경찰에게 신고할 법하다. 그러나 단테라면 이를 별로 충격으로 받아들이지 않았을 것이다. 단테는 브루투스와 카시우스를 지옥의 가장 아래쪽 원에 가둬뒀고 그것은 이들이 자신들의 나라 로마보다는 자신들의 친구 율리우스 카이사르(줄리어스 시저)를 배반하는 쪽을 선택했기 때문이다. 아마 우리야 뭐 그렇게 고통스런 결정을 강요당할 일은 없을 것이다. 하지만 모든 신조의 등 뒤에는 뭔가 끔직하고 힘겨운 것이 달려 있어, 그 신조를 섬기는 자는 언젠가는 이를 위해 희생을 감수해야할 일이 생기기 마련인데, 이 개인적 관계를 믿는 신조도, 세련되고 부드럽게 들리긴 해도, 거기에 공포와 고충이 수반된다. 개인에 대한 사랑과 지조는 국가의 요구와 전면 충돌할 수 있다. 그럴 경우, '국가는 물러가라!' 라는 게 내 입장이다. 물론 이렇게 말하면 국가가 나를 제거하겠지만.

[P] Thoreau P. 212

불의하게 사람을 그 누구건 투옥시키는 정부 밑에서 의로운 사람이 있을 참된 곳은 역시 감옥이다. 오늘날 이들에게 적절한 곳은, 매사추세츠 주가 보다 자유롭고 보다 덜 비관하는 시민들을 위해 마련한 유일한 곳은 감옥으로, 이들은 주(및 국가)가 몸소 격리하고 감금시킨 것이기도 하나 이들은 이미 스스로 소신에 충실하므로 자신들을 격리시킨 것이기도 하다. 바로 거기, 감옥에서 도망 온 노예, 가석방된 멕시코인 전쟁 포로, 자기 종족이 당한 불의를 항변하러 온 인디언들이 이들을 여기에서 만나는 게 옳다, 이 차단된, 그러나 보다 더 자유롭고 보다 더 명예로운 터에서, 주(및 국가)가 자신을 지지하는 게 아니라 저항하는 사람들을 가둬 두는 이 터에서, 그러나 노예를 부리는 주(및 국가)에서 자유인이 명예롭게 거주할 수 있는 유일한 집에서 말이다. 그 누구건 이들의 영향력이 이곳에서 없어져 버릴 것으로 생각한다면, 이들의 목소리가 더 이상 정부의 귀를 괴롭히지 않을 것으로 생각한다면, 이들이 국가의 담벼락 안에 갇혀 있으면 적대세력이 되지 않으리라고 생각한다면, 이들은 진실이 오류보다 얼마나 더 강한지를, 또한 약간의 불의를 스스로 감옥살이를 하며 몸소 체험해 본 사람이 얼마나 더 웅변적이고 효과적으로 불의와 투쟁할 수 있는지를 알지 못하는 자들이다.

[Q] Woolf P. 221

이 분(퀼러카우치 교수)보다 핵심을 더 명료하게 표현한 사람은 없을 것이다. "가난한 사람이 시인이 될 기회는 요즘도 그렇고 지난 200년 간 눈곱만큼도 없었고, 영국에서 가난한 아이는 (고대) 아테네의 노예의 아들로 태어난 경우와 마찬가지로 위대한 글들을 탄생시키는 그러한 지적인 자유 속으로 해방되리라는 희망을 가질 수는 없다." 바로 그거다. 지적인 자유란 물질적인 것들에 의존한다. 시는 지적인 자유에 의존한다. 그런데 여성들은 언제나 가난했다, 비단 지난 200년간뿐 아니라, 아예 태초부터 말이다. 여성은 아테네 노예의 아들들보다도 지적인 자유를 덜 누렸다. 여성은 그래서 시를 쓸 기회는 눈곱만큼도 얻지 못했다. 바로 그렇기에 나는 돈과 자기만의 방을 그토록 강조했던 것이다. 그렇지만 지난 과거의 내가 좀 더 이 분들에 대해 알아냈으면 하는 무명의 여성들의 노고 덕분에, 또한 묘하게도 두 번의 전쟁 덕에, 즉 플로렌스 나이팅게일을 자기 집 거실에서 끌어낸 크리미아 전쟁과, 그로부터 60년 후에 보통 여성들에게 문을 열어준 유럽 전쟁(즉, 1차 세계 대전) 덕에, 이러한 해악들은 이제 개선되는 도중이긴 하다. 아니면 (케임브리지 대학을 다니는 여학생) 여러분들이 오늘밤 여기에 앉아 있지 못할 것이며, 여러분이 1년에 연봉 5백 파운드를 벌 가능성은, 그것이 여전히 매우 위태로운 가능성이긴 해도, 지극히 미미할 것이다.

[R] Leavis P. 230

[원문의 난이도를 고려하여 가능한 한 쉽게 풀어서 번

역했음]

대학이 자연과학 연구소이자 양성소, 기술개발 연구원이나 전문 전공들의 병렬적 집합 그 이상의 무엇인 한, 대학은 사회의 자기 보존 본능의 대변자요 사회가 그러한 자기 보전의 필요를 인식하게 하고 우리의 문명에 기억과 성숙한 목적의식을 제공하려는 (협력적 지성과 완전한 인간적 책임에 의해 이끌리는) 지속적인 노력을 하는 기관이다. 대학은 한 나라의 문화적 삶과의 관계에 있어서 늘 매우 중요한 비중을 차지했었던 바, 지금 이 시점보다 그 기능이 더 절실하게 중요한 적이 없다. 즉, 살아 있는 연속성은 사회의 일방적 삶이 기능하는 부분 속에서 여러 가지 방식으로 유지되었던 것으로 가령 가정의 삶이라든지 지역적인 환경을 통해서 유지됐던 것인데, 우리 시대의 문명의 기제들을 특징짓는, 창조적 전통에 가해지는 파괴행위가 예전에는 없었지만, 오늘날 문명을 특징짓는 파괴성은 어느 정도로까지 극심한가 하면 거기에서 비롯된 건망증과 수동성으로 인해 파괴성이 파괴성으로 인식되지 않는 단계에까지 이르렀다. 현재의 형편대로 보면, 초점을 맞춰 훈련시킨 인식을 제공하지 않는 한, 이 유산은 사라지기 마련이며 망각 속에 버려질 것인데, 인류는 우리가 두려워하는 핵전쟁의 재난보다 더 심한 재난으로 빠질 것이 확실하다.

[S] Forster (2) P. 246

재산은 그 소유자로 하여금 자기 재산에 대해 어떤 행위를 취해야만 할 것 같다는 느낌을 준다. 하지만 소유자는 그게 뭐일지는 확신이 없다. 뭔가 부산을 떨며 뭔가 자신의 성격을 표현해야만 할 것 같은 막연한 느낌이 드는데, 이런 느낌이 전혀 막연함이 없는 상태일 때는 예술가를 창조 행위로 이끈다. 어떤 때는 내 숲에 남아 있는 나무들을 다 잘라내 버려야겠다는 생각이 들기도 하다가 다른 때는 나무 사이 빈 틈새를 다른 나무를 심어 메우고 싶어진다. 양쪽 충동이 공히 위선적이고 공허한 것들이다. 그것은 돈벌이나 아름다움을 추구하는 정직한 움직임이 아닌 것이다. 둘 다 내 자신을 표현하고자 하는 어리석은 욕구에서, 그리고 내가 갖고 있는 바를 즐기지 못하는 무력함에서부터 솟아오르며 발생한 충동이다. 창조, 재산, 즐김은 인간의 마음속에 불길한 삼위일체를 형성한다. 창조와 즐김은 둘 다 매우 매우 좋은 것들이나 대개 물질적 토대가 없이는 이것들을 얻기가 어려운데, 그럴 때마다 재산은 대리자 행세를 하며 끼어들면서 말하기를, "나를 대신 받아들이지 그래, 나 하나면 셋 몫을 충분히 할 수 있어,"라고 한다. 그러나 충분할리가 있나. 그것은 셰익스피어가 육욕에 대해서 말했듯이, "수치의 황무지 속에서 정신을 허비하는 것"일 뿐이다. 그것은 "앞을 보면 기쁨이 제안되어 있으나 뒤를 돌아보면 허황된 꿈일 뿐이다". 그러나 우리는 그것을 어떻게 피할지 방법을 모른다. 재산은 영혼의 내적인 결함으로 인해 우리에게 강요되니, 재산 속에 자기 발전과 정교하거나 영웅적인 행위의 씨앗이 들어있으리라는 느낌에 이끌린다. 이 지구상에서의 우리의 삶은 물질적이고 육체적인 것이며 또 마땅히 그래야 한다. 하지만 우리는 아직 우리의 물질주의와 육체성을 제대로 관리하는 방법을 배우지 못했다. 이들은 여전히 소유욕과 뒤엉켜 있으니, (단테의 말대로), "소유는 상실과 하나이다".

[T] Johnson P. 255

행복은 그것을 아는 만큼에 비례해서만 즐길 수 있는데, 인간의 수준이나 어리석음이 어느 정도인가 하니 행복은 오로지 그 반대의 경우를 겪으므로 알게 된다. 가령 엄청나게 사람이 많이 사는 도시의 편의를 즐기며 오랫동안 살아온 우리 같은 사람들은 욕망이 돈을 통해 충족될 수 없는 장소를 제대로 생각해 보지도 못할 정도이다. 이렇듯 인위적인 풍요에 대해 정당한 개념을 갖으려면 멀리 떨어져 있는 식민지나 이 나라의 인적이 드문 시골에서 생활을 좀 해볼 필요가 있다. 이런 상황에서 각자가 얼마나 많은 직종의 역할을 수행할 수밖에 없는지, 자연의 산물들을 얼마나 많은 수고를 해야 인간에게 쓸모 있게 바꿔놓을 수 있는지, 흔한 도구가 없거나 망가진 처지를 얼마나 오래 감내해야 하는지, 아니면 얼마나 어색한 방편을 써서 그런 형편을 극복해야 하는지, 돈을 갖고 있어도 사고 싶은 물건을 팔 사람을 만나기까지 얼마나 멀리 사방을 돌아다녀야 하는지를 한 번 겪어본 사람이라야 거대한 도시가 제공하는 풍족함과 편리함의 가치를 제대로 평가할 줄 알게 될 것이다.

그러나 사람의 행복은 여전히 불완전한 상태로 남아있는 것이, 이곳에서 자신에게 필요한 바들이 쉽게 채워지면, 새로운 필요들이 발맞춰서 손쉽게 창출되기 때문이다. 각 사람은 런던의 가게들을 둘러보며, 아직 그것들에 대해서 알지 못했을 때는 전혀 그 필요성을 느껴본 바 없는 숱한 도구와 편리한 물건들을 보게 된다. 그러나 이것들을 사용하는 것에 익숙해지고 나면 도대체 이것들 없이 어떻게 인생을 살 수 있을까 의아해 하곤 한다. 이렇듯 우리의 욕망은 늘 우리의 욕망과 함께 증가하는 것이며, 뭔가를 아직 즐겨보지 못했다는 인식은 우리 앞에 있는 좋은 것들을 즐길 입맛을 버려놓는다.

[U] Montaigne (1) P. 263

분노만큼 건전한 판단을 방해하는 감정은 없다. 판사가 홧김에 재판받는 사람에게 유죄판결을 내렸다면 그를 죽음으로 벌해야 된다는 데 대해 주저할 사람은 없을 것이다. 그렇다면 아버지나 학교 선생들이 아이들에게 홧김에 체벌을 가하는 것도 허용될 이유가 없지 않은가? 그런 경우는 더 이상 훈육이 아니라 복수일 따름이다. 아이에게 벌은 약이라고 한다. 하지만 의사가 분노에 사로잡혀 자기 환자를 대한다면 우리가 이를 용납하겠는가? 우리 스스로도 뭔가 제대로 처신을 할 것이면 우리의 종들에게 우리의 분노가 지속되는 동안은 절대로 손찌검을 하지 말아야 할 것이다. 우리의 맥박이 둥둥 뛰고 있고 감정에 사로잡혀 있는 동안은 대면하는 것을 연기하도록 하자. 우리가 일단 냉정을 찾고 차분해지고 나면 사안이 사실 진정으로 달라 보일 것이다. 그때까지는 열정이 우리를 지배하고 있기에, 우리가 아니라 열정이 온갖 수다를 떨 것이니 말이다. 분노의 눈으로 본 약점은 안개 속에서 바라본 대상과 흡사하다. 실물보다 더 커 보이는 것이다. 만약 어떤 사람이 배가 고프다면 음식을 먹도록 하라. 그러나 누구를 질책하고자 하는 사람이라면 절대로 분노에 대한 허기와 갈증에 시달리면 안 될 것이다.

[V] Bacon P. 271

부모 노릇의 즐거움은 비밀스러운 것이고, 그 일의 슬픔과 두려움도 마찬가지이다. 전자를 말로 표현하기 어렵듯이 후자에 대해 말하려 들지 않는다. 자녀들은 수고를 달콤하게 만들어주지만 불행을 더 쓰디쓰게 만든다. 자녀들은 삶의 걱정거리를 늘려놓으나 죽음에 대한 두려움을 완화시켜준다. 자식을 낳아 대를 잇는 것은 짐승도 하는 일이지만 기억, 미덕, 고상한 노력은 인간만의 몫이다. 그런데 참으로 가장 고상한 업적과 토대들은 자녀가 없는 사람들에게서 비롯됐음을 우리는 보게 되는데, 이들은 육체의 후사가 없으나 자신의 정신적 표상들을 후사로 남긴다. 그래서 후사가 없는 사람들이 가장 많이 후대를 염려 한다.

[W] Montaigne (2) P. 277

거짓말은 저주스러운 해악이다. 오로지 언어만이 우리를 한 데 묶어주고 인간이 되게 한다. 우리가 거짓말의 끔찍함과 중대함을 인식한다면 우리는 이것이 다른 범죄보다 훨씬 더 화형에 처할 만한 죄임을 깨닫게 될 것이다. 나는 사람들이 별 해가 안 되는 비행들을 한 죄로 아이들에게 벌을 주는 데 대개 시간을 허비하고 있음을 발견한다. 아이들이 별 생각 없이 아무 결과를 낳거나 흔적을 남기지 않는 일을 저질렀다고 고문을 해대는 것이다. 내가 보기에 발생해서 막 발전하려 할 차에 강력하게 공격해야 할 유일한 잘못은 거짓말이다. 이런 잘못은 아이들이 자라나며 함께 자라난다. 한번 거짓말하는 습성을 혀가 습득하게 되고 나면 그것을 버리게 하는 것이 얼마나 불가능한지는 놀라울 정도이다. 그래서 달리 보면 멀쩡한 사람들이 거짓말하는 습성의 비열한 노예 신세인 경우들이 있는 것이다. 내가 거래하는 재봉사 중 한 사람은 그런대로 괜찮은 친구이지만, 나는 한 번도 이 자가 진실을 말하는 것을 들어본 적이 없으니, 심지어 진실을 말하는 게 자신에게 유익한 경우에조차도 그러하다.

[X] More P. 281

그렇게 몇 개 안되는 법으로도 매사가 그렇게도 효율적으로 운영되며 개인의 장단점은 인정하되 그것이 모든 사람의 균등한 번영과 조화되는 유토피아의 정당하고도 현명한 체제를 생각할 때마다, 나는 플라톤과 점점 더 동감하게 되고 그가 평등의 원칙을 거부한 도시국가를 위해서는 법을 제정해주길 거부한 데 대해 점점 덜 놀라게 됩니다. 플라톤처럼 뛰어난 지성이 보기에 건강한 사회의 한 가지 필수 조건은 재화의 평등한 분배라는 것이 사뭇 명백해 보였던 것인데, 이것은 자본주의 체제 하에서는 아마도 가능치 않다고 생각됩니다. 왜냐하면 모든 사람이 각자 할 수 있는 만큼 많이 재산을 모을 권리를 갖는 상황에서는 모든 가용한 재산이 아무리 그 전체 파이가 크다고 해도 소수의 손 안으로 들어갈 수밖에 없는 것이니, 다시 말하면 나머지 모든 사람은 가난하단 것이지요. 게다가 부는 개인의 자질과 반비례하는 경향일 것입니다. 부자들은 탐욕스럽고 막 되먹고 완전히 쓸모없는 인간들인 반면, 가난한 자들은 단순하고 겸손한 사람들로 이들이 매일 하는 일이 공동체가 이들에게 주는 이득보다 훨씬 더 많은 이득을 공동체에게 줄 테니 말이요.

[Y] Lamb P. 286

신혼부부의 얼굴, 특히 신부의 얼굴에서 환히 비치는 완벽하게 안심하며 만족해하는 모습처럼 내게 더 역겨운 것이 없는데, 이유인즉 그 표정으로 나한테 자신의 처지는 이 세상에서 마무리된 것이니 나 같은 사람이 자신에게 희망을 가질 수 없음을 말해주기 때문이다. 옳다. 내가 그런 희망을 가질 수 없고, 또한 그러고 싶지도 않은지 모른다. 하지만 이것은 당연한 것으로 받아들여야지 표현하면 안 될 진실에 속한다.

그러나 이것은 이들 인간들이 늘 그렇게 되듯이 아이들을 갖고 나서 젠 체 하는 모습에 비하면 아무 것도 아니다. 아이를 갖는 게 얼마나 진기할 게 없는 일인지를 고려한다면, 길거리와 막힌 골목마다 아이들이 득실대며, 가장 가난한 축들이 가장 넘치게 애들이 많고, 적어도 결혼의 덤으로 애 하나쯤 생기지 않는 경우는 거의 없고, 아이들이란 게 그릇되게 자라서 부모의 간절한 희망을 좌절시키며 사악한 길로 접어들어서 빈곤과 수치와 교수대 등으로 이어진다는 것 등을 감안하면, 나는 도무지 아이를 가졌다는 것을 자랑 할 만한 이유가 무엇인지 알 도리가 없다.

부록 2

출처

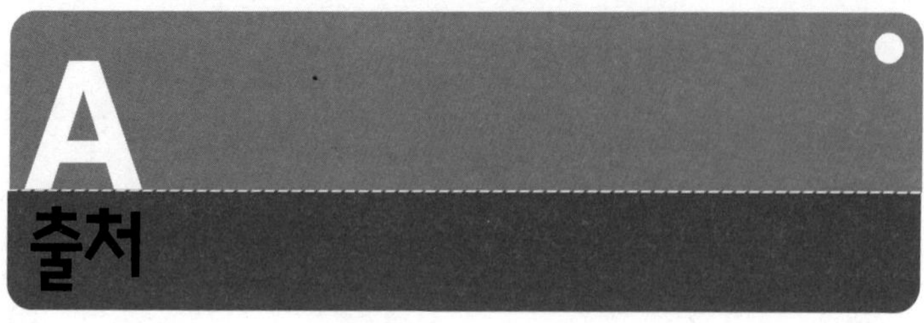

Part 1.

(a-1) http://www.kfccinema.com

(a-2) http://www.imdb.com

(a-3) http://en.wikipedia.org

(b-1) http://film.guardian.co.uk

(c-1) http://arts.guardian.co.uk

(c-3) http://www.calendarlive.com

Part II.

[A] John Maynard Keynes. "On Reading Books." *A Bloomsbury Group Reader*. Oxford: Basil Blackwell, 1993.

[B] Charles Dickens. *American Notes*. Oxford: Oxford UP, 1987.

[C] C. S. Lewis. *Mere Christianity*. London: HarperCollins, 1944.

[D] Richard Dawkins. *The Selfish Gene.* Oxford: Oxford UP, 1989.

[E] John Berger. *Ways of Seeing*. London: BBC & Penguin, 1972.

[F] Karl Marx. "Value, Price and Profit." *Wage-Labour and Capital & Value, Price and Profit.* New York: International Publishers, 1935.

[G] Stephen W. Hawking. *A Brief History of Time*. New York: Bantam Books, 1990

[H] Bertrand Russell. "Ideas That Have Helped Mankind." *Unpopular Essays*. London: Routledge, 1950.

[I] Andrea Dworkin. *Pornography*. New York: Penguin, 1980.

[J] F. A. Hayek. *The Fatal Conceit: The Errors of Socialism*. London: Routledge, 1988.

[K] J. S. Mill. *On Liberty and Other Writings*. Cambridge: Cambridge UP, 1989.

[L] William Hazlitt. "What Is the People?" *Selected Writings*. Oxford: Oxford UP, 1991.

[M] Noam Chomsky. *Hegemony or Survival*: *America's Quest for Global Dominance.* New York: Metropolitan Books, 2003.

[N] Martin Luther King, Jr. "Letter from Birmingham Jail", *Why We Can't Wait.* New York: HarperCollins, 1964.

[O] E. M. Forster. "What I Believe." *A Bloomsbury Group Reader*. Oxford: Basil Blackwell, 1993.

[P] Thoreau. "Civil Disobedience." *Walden and*

Civil Disobedience. Boston: Houghton Mifflin, 1960.

[Q] Virginia Woolf. *A Room of One's Own & Three Guineas*. London: Vintage, 1996.

[R] Leavis, F. R. "Literature and the University: The Wrong Question." *English Literature in Our Time and the University*. Cambridge: Cambridge UP, 1969.

[S] E. M. Forster. "My Wood." *Abinger Harvest*. New York: HBJ, 1964.

[T] Samuel Johnson. "The Benefits of Human Society." *Samuel Johnson.* Oxford: Oxford UP, 1984.

[U] Michel de Montaigne. "On Anger." *The Complete Essays*. Trans. M. A. Screech. London: Penguin, 1991.

[V] Francis Bacon. "Of Parents and Children." *The Essays*. London: Penguin, 1985.

[W] Michel de Montaigne, "On Liars.", *The Complete Essays*. Trans. M. A. Screech. London: Penguin, 1991.

[X] Thomas More. *Utopia*. Trans. Paul Turner. London: Penguin, 1965.

[Y] Charles Lamb, "A Bachelor's Complaint of the Behaviour of Married People." *The Portable Charles Lamb*. New York: Viking Press, 1949.